Über den Autor

Marcus Wolbring wurde in Deutschland geboren und absolvierte zunächst eine Lehre zum Industriekaufmann. Nach einigen Jahren bei einem mittelständischen Unternehmen schaffte er den Sprung zu einer heiß umkämpften Juniorposition bei einem im DAX notierten, weltweit tätigen Industrieunternehmen. Es folgten mehrere Jahre, die mit intensiver Arbeit, vielen Dienstreisen, Fortbildungen und 60-Stunden-Wochen erfüllt waren. Die Mühe lohnte sich augenscheinlich, und es folgten ein berufsbegleitendes Studium, ein Master of Business Administration an einer Ivy League-Universität in den USA und der Aufstieg in eine Managementposition. Trotz eines makellosen Lebenslaufes und einer nach außen hin beeindruckenden Karriere bemerkte Marcus im Laufe der Jahre, dass er nicht glücklich war: ohne sich je viel Gedanken über sein persönliches, inneres Glück gemacht zu haben, lebte er nach Werten, die ihm von klein auf beigebracht wurden: hart arbeiten, beruflichen, materiellen Erfolg anstreben und sich keine Gedanken um esoterischen Firlefanz zu machen, den man nicht mit Zahlen messen konnte. Einige Zeit lang versuchte er, sein Bauchgefühl zu ignorieren, und die leise innere Stimme, die ihm sagte, dass etwas falsch lief, nicht zu beachten. Doch es kam, wie es kommen musste: während einer Dienstreise in New York erlebte Marcus einen totalen Zusammenbruch: er war völlig aufgelöst, konnte mit Mühe genug Luft zum Atmen fassen und wurde in ein Krankenhaus eingeliefert, wo ihm eine „einfache Panikattacke“ diagnostiziert wurde. Doch auch in den darauffolgenden Tagen und Wochen wurde es nicht besser: Marcus konnte er sich kaum mehr konzentrieren und an Arbeit war nicht zu denken, weshalb er zunächst beurlaubt und kurz darauf gekündigt wurde. Doch statt aufzugeben, war diese Zeit für Marcus Wolbring eine Gelegenheit zur Suche: die Suche nach dem Grund für sein Unbehagen und nach sich selbst. Er begab sich auf eine lange, einleuchtende Reise, die ihn durch die Lektüre vieler Bücher, Gesprächen mit Experten der Hermetik, zurück zu seinem Heimatort und sogar nach Arizona, ins Gebiet der Navajo-Indianer und ihrer Weisheiten trug und erkannte schließlich, dass er sich jahrelang mit negativen Gedanken und Denkweisen geschadet, seine Vergangenheit nicht aufgearbeitet und die Signale seines Körpers ignoriert hatte. Die Gesetze und Prinzipien der Hermetik waren für ihn der Weg, seinen Platz auf der Welt neu zu finden. Heute ist Marcus wieder beruflich tätig, geht aber vieles in meinem Leben ruhiger an. Um seine Einsichten anderen mitteilen zu können, hat er sie in diesem Buch niedergeschrieben.

Vorwort

Physikalische Gesetze gelten immer und überall. Ihr Sinn ist für uns greifbar. Sie finden rund um die Uhr ihre Anwendung, sei es im Alltag oder in der Arbeit. Wenn uns im Winter kalt ist, ziehen wir warme Kleidung an. Ist es im Sommer heiß, ziehen wir möglichst kurze, leichte Sachen an und achten eventuell sogar darauf, helle Stoffe zu tragen, da die Sonne diese nicht so stark erhitzt wie dunkle. Wir kratzen uns, wenn es uns irgendwo am Körper juckt. Wir stehen fest auf dem Boden, anstatt – wie im Weltraum – in der Luft zu schweben. Auf diese Weise beugen wir uns den Gesetzen der Physik. Doch haben wir wirklich keinen Einfluss darauf? Könnten wir zum Beispiel doch über dem Boden schweben, wissen aber einfach noch nicht, wie es funktioniert?
Nun gibt es neben denen der Physik noch viele weitere Gesetze, die Einfluss auf unser Leben nehmen. Einige davon betreffen die sogenannte „Hermetik". Es gibt insgesamt sieben hermetische Gesetze. Teilweise überschneiden sich diese mit den Gesetzen der Physik. Einige von ihnen haben aber auch etwas mit unserem Geist, unserer Einstellung und Weltanschauung zu tun und sind nicht einfach als physikalische Gegebenheit zu erklären. Generell lässt sich sagen, dass die hermetischen Gesetze hauptsächlich unser Unterbewusstsein und die spirituelle Seite unseres Lebens betreffen. Sie sind so einflussreich, dass sie den Leitfaden unseres Lebens darstellen. Deshalb ist es immens wichtig, sie zumindest in groben Zügen zu kennen und zu wissen, wie wir sie eventuell nutzen können.
Häufig wenden wir hermetische Gesetze sogar unbewusst im Alltag an, indem wir vertraute und kulturelle Rituale ausüben.

Nicht nur die großen Weltreligionen bedienen sich seit jeher solcher Methoden. Alle Naturvölker kennen Heilungs- und Reinigungsrituale, die diesem einen, entscheidenden Zweck dienen: Der Reinigung von negativen Kräften und Energien. Wir könnten im Grunde sogar sagen, dass jede Art von Religion in Verbindung mit diesen hermetischen Gesetzen steht: Es geht ursprünglich stets darum, gute, positive Kräfte in unser Leben zu holen und zu stärken. Moderne Variante sind beispielsweise Yoga und Meditation: Sie helfen uns, innere Ruhe zu finden und uns von negativen Energien zu befreien, und auch sie sind wiederum abgeleitet von uraltem Wissen um die Gesetze der Hermetik.
Die Hermetischen Gesetze haben also letztlich eine „universelle Ordnung“ zum Inhalt. Sie befassen sich mit der Energie, an die wir gebunden sind. Diese Energie beeinflusst alles, was im Universum geschieht. Gutes oder Negatives: Wir selbst tragen zu dieser Energie unseren Teil bei, wir nutzen und verbreiten selbst diese Energie – durch die Kraft unserer Gedanken.
Um diese Energie und alles, was mit ihr zusammenhängt, zu erklären, lassen Sie uns etwas ausholen: Was ist die „Hermetik“ und warum ist eine ganze Philosophie nach ihr benannt?
Der Namen leitet sich ab von einer Göttergestalt der Antike mit dem Namen Hermes Trismegistos. Auf ihn sollen die ersten hermetischen Schriften zurückgehen. Sie sollen älter sein als die hoch entwickelte Zivilisation Ägyptens. Die Hermetik war ein fester Bestandteil der griechischen Mythologie. Sie galt als Geheimwissen, das an nur wenige Menschen weitergegeben wurde. In der Neuzeit wurden die hermetischen Gesetze 1908 bekannt gemacht, als das Buch „Das Kybalion” erstmals in Chicago erschien. Darin

sind die sieben hermetischen Prinzipien genauestens aufgelistet und beschrieben. Aber warum sind diese sieben Gesetze so wichtig? Warum sollten Sie sie verstehen und auf Ihr Leben anwenden? Ganz einfach: Weil Sie viel zufriedener und glücklicher sein werden, wenn Sie begreifen, dass Ihr eigenes Leben kein Zufall ist und dass sein Verlauf in Ihren eigenen Händen liegt.
Wenn Sie diese Gesetze begreifen und sich zu Nutze machen, können Sie damit vielen Problemen und Unannehmlichkeiten aus dem Wege gehen. Sie werden nicht mehr ein Spielball, sondern Herr oder Herrin Ihres Schicksals sein und alle Fäden selbst in der Hand behalten.
Und wenn Sie jetzt dieses Buch weglegen möchten, weil Sie denken, Sie hätten bereits viel über diese Prinzipien gelesen: Nein, hier wird Ihnen nicht zugemutet, zu glauben, allein mit der Kraft Ihrer Gedanken könnten Sie in einer überfüllten Großstadt jederzeit einen Parkplatz finden – oder, noch weniger zumutbar, Sie seien allein verantwortlich für alle Wechselfälle Ihres Lebens. Die hermetischen Gesetze greifen sehr viel tiefer und komplexer in unser Leben ein, als das einige sehr populäre Bücher und Schriften vermitteln. Keins der sieben Gesetze ist von den anderen isoliert zu betrachten oder wirkt für sich allein. In diesem Buch werden Ihnen gut begreifliche Beispiele präsentiert, die Sie Schritt für Schritt besser verstehen lassen, worum es geht. Und warum positive Energie unbestreitbar und trotz allem eine gewaltige Macht darstellt.

Dieses Buch ist folgendermaßen aufgebaut:
Es gibt insgesamt sieben Kapitel. In jedem der Kapitel wird eines der sieben hermetischen Gesetze erklärt und beschrieben. Anschließend werden Ihnen Situationen vor Augen geführt, die Sie alle aus dem

Alltag kennen. Sie erfahren so welche Möglichkeiten sich Ihnen durch die praktische Anwendung des jeweiligen Gesetzes eröffnen.
Es kann durchaus sein, dass Sie während Ihrer eigenen Internetrecherche auf unterschiedliche Namen für die genannten Gesetze stoßen. Auch ich selbst habe hin und wieder andere Bezeichnungen dafür gefunden und musste sie zunächst neu zuordnen. Das ist aber nicht weiter schlimm, denn die Lehre, die Quintessenz aus den jeweiligen Gesetzen ist das, worauf es ankommt.

Das 1. hermetische Gesetz: Geistigkeit

„Das All ist Geist, das Universum ist geistig."
~ Das Kybalion

Das englische Wort „Mind" lässt sich nur schwer exakt ins Deutsche übersetzen. „Mind" ist unter anderem das, womit der Mensch denkt, fühlt, Situationen erfasst und Emotionen „freisetzt".

In Wörterbüchern werden Sie für „Mind" die Begriffe Geist, Verstand, Intellekt, aber auch „seelischen oder geistigen Ausdruck" finden, je nachdem, wo Sie nachschlagen.

Dieses erste Gesetz ist im Grunde der Baustein für alle weiteren hermetischen Gesetze und somit das Wichtigste von allen. Es besagt, dass alles im Ursprung geistig ist. Alle Lebensformen, Tiere, Menschen, Pflanzen, aber auch andere Teile der Natur wie Wasser oder Gestein haben ihren Ursprung nicht in der Materie, sondern im Geistigen. Die Quelle von allem, was uns umgibt, was wir sehen, fühlen und riechen, ist reine Energie.

In der modernen Literatur ist weniger von „Geist" die Rede – häufiger werden Begriffe wie „Energie" oder „Ursubstanz" verwendet. Gemeint ist das Gleiche.

Welche Konsequenz ergibt sich daraus?
Eine ganze Reihe alter Sprichwörter besagen inhaltlich in etwa: „Ein negativer Geist ist keine Basis für ein gutes, positives Leben." Alles, was um uns herum geschieht und wie wir es wahrnehmen, ist zu einem guten Teil das Resultat unserer Gedanken und unserer Sichtweise. Bevor Sie jetzt denken, dass diese

Maxime Ihnen die alleinige Verantwortung zuschiebt für alles, was in Ihrem Leben geschieht. Lesen Sie zunächst das Buch bis zum Ende durch. Dann verstehen Sie besser, was gemeint ist.

Ist Ihre Weltanschauung negativ und sind Sie davon überzeugt, dass alles grundsätzlich schlecht ist oder schlecht ausgehen wird, werden Sie die Welt um sich herum auch genauso wahrnehmen und in jeder Lebenssituation entsprechend negativ reagieren. Der negative Geist kann also in keiner Weise zu positiven Erfahrungen im Leben führen. Die Realität jedes Menschen – alles, was er ist, tut und sieht – ist nichts anderes als das Spiegelbild seines Geistes und seiner Anschauung. Diese Weltanschauung unterscheidet sich von Mensch zu Mensch. Sie ist sogar von außen und für andere, wahrnehmbar. Sie umgibt uns wie eine Aura und entscheidet wiederum mit darüber, welche Wirkung wir auf die Außenwelt haben und darüber, wie andere wiederum auf uns reagieren.

Stellen Sie sich zum Beispiel ein kleines Kind vor. Es tollt fröhlich umher und lacht, wenn nur ein schöner Schmetterling vorbeifliegt. Es sieht die Welt kunterbunt und wunderschön, denn sein Geist und seine Weltanschauung sind durchgehend positiv. Kaum ein Mensch kann sich dem Charme eines solchen kleinen, strahlenden Wonneproppens entziehen.

Sie alle wissen aus eigener Erfahrung: Es macht große Freude, eine Person zu beschenken, die sich bereits über Kleinigkeiten, beispielsweise eine Blume oder ein Stück Kuchen freut! Wenn Sie Zeit mit einem derart positiv gestimmten Menschen verbringen, werden Sie diese in vollen Zügen genießen. Ein Partner, eine Partnerin, die auf einem Ausflug oder einer Reise überwiegend die schönen, die erfreulichen Eindrücke wahrnimmt und sich „kindlich" über jeden neuen Ausblick freuen kann, wird auch Sie mit ihrer Freude und Begeisterung anstecken. Sie werden gemeinsam wunderbare Dinge entdecken, die Sie allein vielleicht übersehen oder weniger wertgeschätzt hätten. Selbst, wenn es wie aus Eimern regnet, werden Sie mit einer solchen Person vielleicht gemeinsam eine alte Burg oder ein fantastisches Museum besuchen, ein stilvolles Café entdecken, mit spannenden Menschen ins Gespräch kommen, kurz, sie werden jede Minute intensiv und voller Freude nutzen. Von einem solchen Ausflug werden Sie mit neuen Kräften und zauberhaften Bildern in Ihrem Kopf, vor Ihrem inneren Auge, in den Alltag zurückkehren.

Stellen Sie sich nun das Gegenbeispiel dazu vor: Sie verreisen mit einem Menschen, der überall nur das Negative wahrnimmt: Die Tischdecke im Restaurant hat einen Fleck, der Wein schmeckt nicht, das Essen ist miserabel, die Aussicht erinnert durchwegs an kitschige Postkarten und die Preise sind durchgängig zu hoch. Überhaupt ist das Wetter nicht schön genug, um die Natur zu genießen, der Regen ist eine Katastrophe, oder, falls doch die Sonne scheint, ist es zu heiß. Straßen, Terrassen, Seeufer, Berge oder Strand sind überfüllt, es ist zu laut, und die Mücken stechen unentwegt.

Hand aufs Herz: Wie werden Sie selbst diesen Urlaub, dieses Wochenende mit dieser Begleitung in Ihrer Erinnerung behalten? Wie viel von Ihrer Kraft werden Sie (meist vergeblich) darauf verwenden, die Laune dieser Person an Ihrer Seite doch noch zu heben? Wie „erholt" werden Sie nach Hause zurückkehren? Vermutlich werden Sie eher ein, zwei Tage brauchen, um diese Zeit zu „verarbeiten" und im Alltag wieder ihr Gleichgewicht zu finden. Sie werden tief in Ihrem Inneren enttäuscht und frustriert sein, selbst wenn Sie vielleicht voller Erwartungsfreude oder gar verliebt gestartet sind. Sie werden womöglich den Fehler bei sich selbst suchen und deprimiert denken, dass Sie selbst nicht anregend, liebenswert oder attraktiv genug sind, um mit Ihnen schöne Ferientage zu verbringen.

Diese Beispiele veranschaulichen sehr eindeutig, wie der Blickwinkel, der Standpunkt, die Herangehensweise anderer an das Leben Sie selbst beeinflussen, sobald Sie jemandem nur nahe genug kommen: Sie können im Extremfall auf Wolke Sieben katapultiert werden – oder in tiefe Depression gestürzt werden.

Und hier ist ein weiteres Alltagsbeispiel: Die meisten von uns verbringen die meiste Lebenszeit am Arbeitsplatz. Und wir alle kennen Menschen, die sich jeden Montag früh aus dem Bett quälen und in eine fünftägige Leidenszeit starten: Die Fahrt in den

Job, die Stunden dort, Kollegen, Kunden, Vorgesetzte und die zu erledigenden Aufgaben: Alles nervt, alles frustriert, alles ist sinnlos, kaum zu bewältigen und eine reine Tortur. Die Arbeit ist viel zu viel, der Chef heckt zusammen mit dem Personaler ganz sicher schon seit Monaten Rationalisierungspläne aus und die Mehrheit der KollegInnen sind strohdumm oder intrigant. Diese Person betritt bereits am Montag ihren Arbeitsplatz mit Leichenbittermiene, in Erwartung grässlicher Dinge. Welche Art von Stimmung breitet sich im Umfeld solcher Kollegen aus? Richtig: Die einen bringen sich möglichst in Sicherheit und setzen sich in der Mittagspause lieber nicht neben diese Kollegen oder Kolleginnen und bestätigen damit sofort deren negative Erwartungen. Die anderen lassen sich „anstecken“ und werden prompt in den Strudel des Misstrauens, der niederschmetternden Sinnfragen, der bösen Vorahnungen und des umfassenden Arbeitsüberdrusses mit eingesogen.

Im „Dunstkreis“ solch negativer Energie wird entsprechend ineffizient, langsam und lustlos gearbeitet. So manche Projekte werden schieflaufen, viele KollegInnen gegeneinander aufgebracht, Vorgesetzte werden enttäuscht und verärgert beschließen, Arbeiten künftig anders zu verteilen oder gar ganze Abteilungen zu schließen.

Im Extremfall können Menschen mit einer stark negativen Einstellung zum aktiven Zentrum dysfunktionaler Beziehungen und Familien werden, im Arbeitsalltag zu katastrophalem Betriebsklima und sogar zu messbarem Schaden in einem Unternehmen führen.

Die geistige Energie und wie sie wirkt

Sie alle kennen die Abläufe eines Hausbaus. Wie Sie wissen, ist ein Haus nicht einfach von einem Moment auf den anderen da. Sie fahren täglich an einer Baustelle vorbei und sehen, wie Stück für Stück ein Keller ausgehoben wird und Mauern emporwachsen. Nach einem zweiwöchigen Urlaub werden Sie feststellen, dass in der Zwischenzeit viel geschehen ist, aber auch diese Entwicklung fand in kleinen Schritten statt. Sie waren nur nicht da, um diese im Einzelnen wahrzunehmen.

Ein Haus zu bauen, beinhaltet nämlich nicht nur das Aufeinanderlegen von Ziegelsteinen oder das

Graben eines Fundaments. Es entsteht aus einer Idee, einem Wunsch oder aus einem

Kindheitstraum heraus. Also aus dem reinen Geist. Irgendjemand kam auf die Idee, ein Haus genauso zu bauen, wie er es sich vorstellte. In seinem Geist, in seiner Vorstellung wusste die Person bereits, welche Farbe es haben sollte, wie die Zimmer aufgeteilt, welche Möbel wo aufgestellt und welche Pflanzen im Garten wachsen sollten. Es wurde also im nächsten Schritt eine Skizze gezeichnet, die vorgab, wo denn nun das Schlafzimmer und wo das Arbeitszimmer hinkommen sollten. Natürlich wurde auch ein Finanzierungsplan erstellt. Danach setzte man sich mit einem Architekten in Verbindung, welcher ein maßstabsgetreues 3D-Modell anfertigte und dafür alle genauen Maße errechnete. Erst, wenn die Details alle genauestens geplant sind, die Idee also aus den Gedanken auf das Papier übertragen wurde, wird mit den eigentlichen, physischen Schritten begonnen. Diese bestehen im Einstellen einer Baufirma, der Auswahl und dem Kauf von Materialien und dem erwähnten Aufeinandersetzen von

Gelegentlich ist das Endresultat einer Handlung unbefriedigend, oder Sie haben das Gefühl, eine Chance verpasst zu haben. Vergeuden Sie jedoch keine Energie damit, sich zu ärgern oder Ihre Handlungsweise zu bereuen. Im Nachhinein erweist sich Ihre Entscheidung vielleicht doch noch als die richtige? In jedem Fall aber lernen Sie aus der Situation.

Stellen Sie sich vor, Sie verpassen einen Zug, weil sie zu Hause etwas Wichtiges vergessen haben! Auf diese Weise fahren Sie einen Zug später, lernen aber genau auf dieser verspäteten Fahrt Ihre große Liebe kennen?

Hätten Sie sich dauerhaft über das kleine Missgeschick und die Verspätung geärgert, anstatt einfach Ihr Ziel weiter im Fokus zu behalten, hätte ihre negative, ärgerliche und gestresste Ausstrahlung andere Menschen um Sie herum eher abgeschreckt. So aber wirkten Sie anziehend auf einen neuen, wichtigen Menschen in Ihrem Leben!

Sie haben das Gefühl, für den einen oder anderen Schritt ist es nicht die richtige Zeit, es fühlt sich nicht richtig an, diesen Schritt jetzt zu tun – dann vertagen Sie Ihre Pläne, wenn möglich. Versuchen Sie nicht, eine Sache zu erzwingen, die sich im Augenblick „nicht richtig anfühlt".

Denn möglicherweise steckt Ihr Sechster Sinn hinter alledem. Konzentrieren Sie sich darauf, sich mit Ihren Entscheidungen wohl zu fühlen, nichts zu erzwingen und den Fokus nicht auf Unwesentliches zu richten. Sammeln Sie zusätzliche Informationen und handeln Sie erst, wenn es sich für Sie stimmig und gut anfühlt.

Ein sehr konkretes Beispiel dafür:

Stellen Sie sich vor, Sie möchten auf professionellem Niveau fotografieren! Lassen Sie sich von niemandem erzählen, es sei unmöglich! Anstatt Zeit und Energie mit dem (negativen) Gedanken an Ihr fehlendes Fachwissen zu verschwenden, bilden Sie sich fort! Nutzen sie gute Fachbücher und Video-Tutorials, informieren Sie sich in Foren oder buchen Sie einen oder mehrere Kurse. Versuchen Sie dann, dass neu erworbene Wissen so schnell und so intensiv wie möglich in der Praxis anzuwenden – und lassen Sie sich vom Ergebnis überraschen! Möglicherweise haben Sie das, was sich nicht erlernen lässt, nämlich das für einen guten Fotografen oder auch Maler unabdingbare „Auge für das Wesentliche“. Wenn dem so ist, nutzen Sie diese Gabe, bauen Sie sie aus. Die technischen Details sind wichtig, aber Sie können sie sich mit Fleiß und Willen aneignen und mit einer guten Ausrüstung die Endergebnisse optimieren.

Es gibt sogar Studien, die belegen, dass sich unsere Körperzellen unseren Gedanken entsprechend formen. Auch bei der Therapie von Schwerkranken ist die Kraft des Geistes und der Gedanken von entscheidender Bedeutung. Naturvölker wussten um diese Zusammenhänge. Viele ihrer Heilungszeremonien befassen sich allein damit, positive Energien zu „beschwören“ oder zu bündeln.

Die Navajo, Ureinwohner im Südwesten der heutigen USA, haben diese Kunst vervollkommnet. Sie pflegen zum Beginn neuer Lebensabschnitte ebenso wie zur Heilung von Krankheiten oder von den Einflüssen „böser Wesenheiten“ komplizierte, mehrtägige Zeremonien abzuhalten. Die „Sänger“ oder „Heiler“ müssen sich durch eine jahrelange Lehrzeit qualifizieren. Zahllose Gebete und Lieder beschwören die guten Energien und die Harmonie des Universums in Worten. Dazu werden komplexe, farbenfrohe Gemälde aus buntem Sand auf dem Boden hergestellt. Ganz ähnlich verfahren Buddhisten am anderen Ende der Welt mit ihren Mandalas. Diese Bilder sind Symbole für eine Welt, die gut, harmonisch und „in Ordnung" ist. Die Navajo-Patienten oder auch die jungen Mädchen, die im Laufe solcher Zeremonien in den Kreis der Erwachsenen aufgenommen werden, setzen sich mitten auf dieses Sandgemälde.

Ebenfalls entscheidend ist die Umgebung: Die gesamte, verzweigte Großfamilie – die Navajos definieren sich über Familien-Clans von der väterlichen und der mütterlichen Seite – kommt zusammen. Alle haben ihre Ersparnisse gesammelt, um Geld und Gaben zu spenden. Alle beteiligen sich an den einzelnen Schritten der Zeremonie: Sie beten und beschwören zusammen mit dem Leiter des Ganzen dem „Sänger", Heiler oder Schamanen das Gute, die positiven Energien und eine wohlgeordnete, lebenswerte Welt.

Tatsächlich existieren Berichte darüber, dass bereits aufgegebene Patienten aus dem Krankenhaus nach Hause geschickt wurden. Die Familienclans konsultierten einen Heiler, der die für den Fall angemessene Zeremonie bestimmte. Alle Ressourcen wurden dafür mobilisiert und der Patient am Ende geheilt.

Diese Zeremonien sind nichts anderes als eine Form sehr intensiver Zuwendung, die die Kranken bewusst wahrnehmen. Sie fühlen sich geschätzt, aufgefangen und erfahren sich als Teil einer liebenden Gemeinschaft. Es wäre unrealistisch zu glauben, dass dies allein für die Heilung schwerer Erkrankungen ausreichen könnte. Doch diese Vorgehensweise entfesselt häufig ungeheure Kräfte, die zu einer Heilung führen oder diese unterstützen können. In jedem Falle aber trägt sie dazu bei, dass Menschen sich, ganz gleich, was weiter mit ihnen geschieht, geborgen und getröstet fühlen.

Aktuelle Untersuchungen in der modernen Welt bestätigen, dass die Grundstimmung, die Empathie und die Zuversicht in der Umgebung eines kranken Menschen stark über den Heilungserfolg entscheiden. Diverse Studien dokumentierten sogar unterschiedliche Wirkungen bei Medikamenten, abhängig davon, wer diese auf welche Art verabreicht hatte.

Allein die Vorstellung, dass Hilfe im Anmarsch ist beeinflusst bereits das komplette Körpersystem. So lässt sich auch der berühmt-berüchtigte Placeboeffekt erklären. Schon der Glaube, man nehme ein hochwirksames Heilmittel ein, verbessert die körperliche Verfassung tatsächlich und kann buchstäblich „Wunder wirken".

Ein weiteres Beispiel beleuchtet wiederum die negative Macht des Geistes: In einem Buch wird der Fall eines Mannes beschrieben, der versehentlich im Kühlraum eines Lebensmittellagers eingeschlossen wurde und dort starb. Die Kühlanlage war defekt, woran also verstarb der Ärmste? Allein der Gedanke daran, im Kühlraum erfrieren zu müssen, ließ den Mann alle Symptome einer Unterkühlung durchleiden, obwohl die Temperaturen dafür nicht niedrig genug waren. Das beweist eindrucksvoll, welche Kräfte hier wirken und demonstriert die Macht des ersten hermetischen Gesetzes der Geistigkeit. In diesem Fall war der betroffenen Person diese Wirkung nicht einmal bewusst!

Auch ohne einen besonderen spirituellen Zugang ist es anhand dieses einen Beispiels einfach zu verstehen, wie Gedanken wirken und wie sie unsere Realität erschaffen. Verharren wir in einer depressiven und hasserfüllten, negativen Grundhaltung, sehen wir auch nur Dinge, die uns immer wieder in dieser Haltung bestärken. Wir sind dann gar nicht mehr in der Lage, das Schöne und Wunderbare im Leben zu sehen, ganz zu schweigen davon, es gar selbst ausstrahlen oder zurückgeben zu können. Positive Dinge verschwinden dann nach und nach aus unserem geistigen Spektrum.

Wir begegnen Tag für Tag vielen Menschen und fragen uns, wie es möglich ist, dass manche so unfreundlich sind und in allen erdenklichen Situationen nur das Negative sehen. Dabei muss uns allerdings bewusst sein, dass jeder Mensch anders ist, andere Erfahrungen im Leben gesammelt hat und sich seine eigene Persönlichkeit und Gedankenwelt entsprechend geformt haben. Wenn wir diese Tatsache übersehen, spiegeln wir lediglich die negative Energie. Doch wie gehen wir richtig damit um, wenn sie uns im Alltag mit geballter Wucht entgegenschlägt? Mit einer positiven Einstellung in Form von Empathie oder Verständnis für die jeweilige Person. Gelingt es uns das, verhindern wir dieses „Spiegeln“ des Negativen. Wir gewinnen eine innere Distanz zu diesen Menschen und unterbrechen damit die Weitergabe dieser destruktiven Energie. Es wäre sogar möglich, die negative nach und nach in eine positive Energie umzuwandeln. Halten Sie in einer solchen Situation konsequent an den positiven, verständnisvollen Gedanken fest. Eignen Sie sich diese als Lebensstil, als Grundhaltung an, so gut Sie können.

Sehen Sie Ihre Lebensaufgabe nicht darin, andere zu verändern oder zu „missionieren“. Arbeiten Sie stattdessen daran, selbst positive Energie auszustrahlen, bis Sie diese an Ihre Umgebung weitergeben können. Es nützt nichts, negativ gestimmte

Menschen zu verurteilen, denn oft genug können diese gar nicht anders: Die Wendung „Er oder sie kann einfach nicht aus seiner oder ihrer Haut" ist eine zutreffende Beschreibung. Solche Menschen haben vielleicht nie gelernt, eine liebevolle Beziehung zu führen, sich reich zu fühlen, überhaupt Gefühle zuzulassen oder einfach nur für einen Moment lang glücklich zu sein.

Versuchen Sie in einem solchen Fall, die von Ihnen als negativ empfundene Energie gar nicht erst an sich heran zu lassen. Bleiben Sie bei sich selbst und Ihrer eigenen Energie.

Wenn Sie diese Zusammenhänge verstanden haben, fällt es Ihnen viel leichter, mit Menschen aller Art umzugehen: Mit Akzeptanz und Wertschätzung im Angesicht der Tatsache, dass wir alle anders sind.

Wichtig ist, dass wir uns unserer eigenen Werte und Vorstellungen vom Leben bewusst sind und unsere Gedanken dementsprechend pflegen. Das ist nicht immer einfach. Doch die Außenwelt wird, wenn wir uns bewusst diese Art des Denkens als Lebensstil aneignen, unwillkürlich auf uns reagieren, oder besser gesagt, auf die positive Aura, die wir aufbauen.

Stellen Sie sich vor, Sie kommen in eine neue Gruppe von Menschen und stellen fest, dass Sie einige auf Anhieb sympathisch finden, andere hingegen können Sie buchstäblich „nicht riechen", fühlen sich abgestoßen oder empfinden Misstrauen. Diese Art von Gefühlen stellt sich ein, obwohl Sie mit diesen Leuten noch nie etwas zu tun hatten.

Dieses Phänomen ist das Resultat der „Aura", die jeder einzelne mit sich trägt.

Wenn Sie nun versuchen, eine positive Haltung einzunehmen, anstatt die eine oder andere negative

Aura einfach nur zu spiegeln, entspannt sich die Atmosphäre möglicherweise. Bleiben Sie in solchen Momenten bei sich selbst, voller Empathie und Zuversicht. Denn das, was Sie ausstrahlen, ist wiederum das, was andere an Ihnen wahrnehmen und worauf sie reagieren werden

Ein weiteres Beispiel für diese Zusammenhänge sind Situationen, die Stress oder sogar Gefahr mit sich bringen. Nur, wenn Sie die innere Ruhe behalten und positiv, lösungsorientiert denken, werden Sie aus einer misslichen Lage wieder herauskommen, den Stress verarbeiten und zugleich die Probleme bewältigen.

Ständig über mögliche oder tatsächliche frühere Misserfolge nachzugrübeln, versetzt Sie nur in Unruhe, macht Sie unsicher und sogar krank: Es schwächt Ihr Selbstvertrauen und Ihre Kräfte.

Stress in jeder Form, wie Angst, Sorgen, Ärger etwa, veranlassen die Amygdala, ein Areal des Gehirns, dazu, Stresshormone auszuschütten. Unsere Vorfahren benötigten diesen Mechanismus. Besagte Stresshormone befähigten sie, im Notfall aus Leibeskräften und mit allem physischem Einsatz einer Gefahr zu entrinnen. Sie mobilisieren kurzfristig alles, was ein Mensch benötigt, um sich zu verteidigen oder zu flüchten. Genau dies ist der ursprüngliche Zweck von Angstgefühlen und Stresshormonen – sie sicherten in grauer Vorzeit das Überleben, wenn es galt, einem großen Raubtier oder einer Lawine zu entrinnen.

Verweilen die Stresshormone jedoch länger im System oder werden sie ständig aufs Neue produziert, machen sie auf Dauer krank. Menschen werden unter ihrem Einfluss kopflos, desorientiert und handeln unstrukturiert, wenn Besonnenheit notwendig wäre.

Unter dem Dauereinfluss von Stresshormonen werden Sie sich in dauerhafter Unruhe befinden: Schlafstörungen, Nervosität, ständiges Sich-Ärgern, sogar Depressionen und körperliche Erkrankungen, Stoffwechselstörungen aller Art, sind Langzeitfolgen einer beständigen Überschwemmung mit Stresshormonen.

Wenn Sie bei sich selbst feststellen, dass Sie in einen solchen Dauer-Stresszustand hineingeraten oder sich darin befinden, versuchen Sie umgehend, sich daraus zu befreien!

Hier sind einige Vorschläge dafür, was sie in einer solchen Situation tun können:

- Entfernen Sie sich, wenn möglich, für eine Weile von dem Ort oder aus der Umgebung, in der Sie dem Stress ausgesetzt sind. Lüften Sie Ihren Kopf aus, lenken Sie sich mit Dingen ab, die Ihnen guttun. Widmen Sie sich einem Hobby, hören Sie Ihre Lieblingsmusik, sehen Sie sich einen schönen Film an. Noch besser: Gehen Sie draußen spazieren, bewegen Sie sich! Sie werden spüren, wie Sie mit ein wenig Distanz wieder klarer und ruhiger zu denken beginnen, vor allem aber, positiver!

  Raucher praktizieren dies regelmäßig und bewusst: Sie nehmen sich eine kleine Auszeit, entfernen sich aus der stressigen Umgebung und zünden sich eine Zigarette an.
  Nur ist hier häufig schwer zu unterscheiden: Reagiert dieser Mensch auf das gewohnte Verlangen nach Nikotin-Nachschub mit Stress, sobald dieser Nachschub ausbleibt? Oder signalisiert ihm sein Gefühl, dass er diese kleine Pause für sein Wohlbefinden braucht? Bei allen Arten von Suchterkrankungen verschwimmen diese Unterschiede recht schnell und die Betroffenen manövrieren sich in eine andere Art von Problem hinein

Doch natürlich ist es möglich, sich auch als Nichtraucher die beschriebene kleine Pause zu ergattern.

Selbst wenige Minuten in einem ruhigen Raum genügen bereits. Denn nicht immer werden Sie sich gleich für Stunden zurückziehen können. Suchen Sie sich geeignete, schnell erreichbare Orte, gleich wo Sie sich befinden.
Ein Pausenraum, eine Kantine, eine Parkbank unter einem Baum oder selbst ein Parkplatz eignen sich dafür: Schalten Sie den Stress bewusst aus, atmen Sie durch und versuchen Sie, neue, positive Energie zu tanken.

- Ausschlafen!
  Ausreichender Schlaf ist entscheidend für unsere psychische und physische Gesundheit. Vor allem der sogenannte REM-Schlaf ist unverzichtbar. REM steht für „Rapid Eye Movement" - denn in dieser Phase wurden in Testlaboren heftige Bewegungen des Augapfels aufgezeichnet, ganz, als würde die schlafende Person mit den Augen bestimmten Vorgängen oder Ereignissen folgen. In dieser Phase des Übergangs in den Tiefschlaf sinkt der Blutdruck langsam ab, auch die Gehirnaktivität fährt allmählich immer weiter zurück. Gleichzeitig setzen im Körper zahlreiche Regenerationsprozesse ein. Selbst Nerven- und Gehirnzellen werden jetzt „repariert" oder erneuert. Schlafstörungen und Schlafmangel können sich daher geradezu verheerend auf das Befinden auswirken. Guter Schlaf ist also ein Muss!

In dunklen, kühlen Räumen gleiten wir leichter in die REM-Phase und anschließend in den Tiefschlaf.

So sollte Ihr Schlafplatz eingerichtet sein:

- In einem gut durchlüfteten Raum;
- bei einer Raumtemperatur etwa zwischen 15°C und 18°C
- möglichst dunkel. Das hilft vielen Menschen, besser und tiefer zu schlafen, doch hier sind die Bedürfnisse unterschiedlich.
- Ruhe ist wichtig! Musik, Verkehrslärm, brüllende Nachbarn sind keine guten Voraussetzungen. Manchmal helfen Ohrstöpsel.
- Matratze, Kissen und Decken sollten eine gesunde, entspannte Lage und die gewünschte Behaglichkeit garantieren: Auch hier hat jeder Mensch seine Vorlieben: Leichtere oder schwerere Decken, flache weiche oder feste Kissen etc.

Und hier sind weitere Tipps zum besseren Einschlafen – die Alternativen zum Schäfchen zählen, die wirklich funktionieren:

- Durch die Nase einatmen und dabei bis vier zählen. Danach den Atem anhalten und bis sieben zählen.

- Beim Ausatmen durch den Mund atmen und dabei bis acht zählen, währenddessen Ihre Zunge hinter die oberen Schneidezähne an den Gaumen legen, so dass die Luft rechts und links der Zunge entweichen kann. Diesen Atemzyklus wiederholen Sie vier Mal.

- Eine andere sehr wirksame Übung können Sie zu jeder Zeit und an jedem Ort ausführen, etwa um Wartezeiten zu überbrücken.
  Atmen Sie tief ein, vollführen Sie mit den Schultern langsame Drehbewegungen nach hinten und atmen Sie dabei wieder aus. Wiederholen Sie diesen Ablauf etwa 10 Mal oder für die Dauer von ungefähr zehn Minuten lang. Sie werden merken, wie sich mit einer Entspannung von Schultern und Ihr Nacken auch ihre innere Verfassung verbessert.

- Trinken Sie etwa eine Stunde vor dem Schlafengehen einen beruhigenden Tee: Melisse, Kamille, Fenchel oder Thymian schmecken gut und wirken entspannend. Melisse insbesondere gilt als ausgesprochen schlaf-fördernd.

- Nehmen Sie sich eine echte kleine Auszeit für mindestens einen Tag!
  Begeben Sie sich einfach hinaus in die Natur! Vielleicht erinnern Sie sich an Orte, die Sie in Ihrer Kindheit geliebt haben? Positive Erinnerungen besänftigen und stärken die Seele. Zorn, Ängste oder Aufregung lösen sich auf diese Weise besonders gut.

- Meditationstechniken „für den Hausgebrauch" zum Energie tanken sind jederzeit und an jedem Ort ausführbar.
  Ausprobieren und üben führt bei all diesen Tipps zum Erfolg. haben Sie einfach ein wenig Geduld mit sich!

  - Der Einstieg zum Meditieren, selbst wenn Sie es nie zuvor ausprobiert haben: Konzentrieren Sie sich für volle fünf Minuten lang ausschließlich auf ihren Atem. Zählen Sie die Atemzüge. Auf diese Weise stoppen Sie den aufgeregten inneren Dialog und die ungeordnete Gedankenflut. Sie werden beginnen, sich selbst zu spüren und werden dabei bereits ruhiger. Je öfter Sie diese Übung wiederholen, desto weniger leicht werden Sie sich von äußeren Wahrnehmungen ablenken lassen. Sie gewinnen damit ein Stück Kontrolle über Ihre Gedanken, Ihren Körper, Ihr Leben. Sie lernen zugleich, sich einen inneren Freiraum zu schaffen, in dem Sie immer wieder und jederzeit Ruhe und Erholung finden!

- Legen Sie eine beruhigende Meditationsmusik auf und lassen diese während der oben beschrieben Atemübung laufen. Ideal sind Stücke, die Ihnen einen natürlichen Atemrhythmus vorgeben.

- Eine weitere einfache Meditationsübung: Stellen oder setzen Sie sich auf den Boden und ziehen Sie die Schuhe aus (idealerweise ist Sommer und es ist warm!). Stellen sie sich vor, Sie würden schwerer und schwerer. Spüren Sie bewusst den Boden, auf dem Sie stehen oder sitzen.

- Tiere tragen stark zu unserem Wohlbefinden und unserer Gesundheit bei. Dazu existieren sogar Studien, die die Beziehung von Haltern und deren Haustieren untersuchten. Streicheln Sie beispielsweise eine Katze: Flauschiges, warmes Fell, tiefes Schnurren – spüren Sie, wie Sie ruhig und gelassen werden? Hundehalter gehen einfach mit Ihrem Tier spazieren und erzählen ihm dabei ihre Sorgen und Nöte.

Die folgenden Beispiele veranschaulichen die Zusammenhänge:

Sind Sie unzufrieden mit Ihrer beruflichen Situation und fühlen Sie sich wie ein Opfer, das niemals entrinnen kann, werden Sie keinerlei positive Veränderungen herbeiführen können. Die Opferrolle bietet so manche Vorteile: Es ist einfach, darin zu verweilen und anderen die Verantwortung für eine unangenehme Lage zuzuschieben. Sie müssen sich keinen neuen und fremden Situationen stellen und da Sie ja keine Verantwortung oder Schuld an der gegenwärtigen Misere tragen, können Sie im Grunde auch nichts falsch machen. Stets sind es der ungerechte, fiese Chef, sinnlose oder zu stark einschränkende Regeln, die mangelnde Anerkennung für gute Arbeit oder andere Faktoren, die Sie am Weiterkommen hindern. Käme jedoch eine andere Person an Ihre Stelle, ins gleiche Unternehmen, würde diese sich möglicherweise richtig wohl und in keiner Weise eingeschränkt oder schlecht behandelt fühlen.

Damit soll nicht gesagt werden, dass Sie an Schwierigkeiten stets selbst die Schuld tragen. Das Beispiel soll nur verdeutlichen, wie wichtig es ist, in einer unangenehmen Situation aus der Opferrolle auszubrechen, Verantwortung für sein eigenes Leben zu übernehmen, sich der eigenen Geisteskraft bewusst zu werden und diese auch richtig anwenden zu können. Sobald Ihnen klar wird, dass Sie in einer Situation unzufrieden sind, gestehen Sie sich das ein. Machen Sie sich bewusst, was Sie gern verändern möchten. Je mehr Energie Sie in die Vorstellung eines Jobs investieren, den auszuüben Ihnen Freude bereitet, desto mehr halten Sie automatisch die Augen danach offen.

Unsere Gedanken beeinflussen unsere Gefühle und damit auch die Handlungen, die wir vornehmen. Wir sehen Möglichkeiten, an die wir vorher nie gedacht hätten und finden den Mut, unseren Träumen und neuen Zielen zu folgen.

Anstatt Schuldige für eine unbefriedigende Lage zu suchen, setzen wir unsere Energie ein, um Lösungen zu finden. Geschehenes ist vorbei und kann nicht mehr verändert werden. Doch über alles, was kommt, bestimmen wir sehr wohl.

Nehmen wir das viel beschworene Thema der materiellen Zufriedenheit. Kaum jemand denkt darüber nach, wie schwammig und schwer festlegbar das Wort "Reichtum" überhaupt ist. Jeder Mensch hat einen anderen Standpunkt dazu. Ein Obdachloser fühlt sich mit fünf Euro in der Tasche reich wie ein König. Andere Menschen haben stets das Gefühl, nicht genug Geld zu haben und merken nicht, dass sie sich so in ein erbarmungsloses Hamsterrad begeben. Sie rackern sich ohne Unterlass ab, um mehr Geld zu bekommen. Leben Sie in dem Gefühl, nicht genug zu haben, laufen Sie beständig einem unerreichbaren Ziel nach. Fühlen Sie sich dagegen reich und zufrieden, wenn Sie gesund sind und ein Dach über dem Kopf haben oder wenn Sie in einer liebevollen, erfüllenden Beziehung leben, wird dies Auswirkungen auf Ihr gesamtes Leben haben. Dies ist immer abhängig davon, wie Sie Reichtum oder Zufriedenheit definieren. Auf der Basis des jeweiligen persönlichen Verständnisses von Reichtum und von Zufriedenheit entfalten sich die Lebenswege jedes Menschen.

Praxistipps: Das Gesetz der Geistigkeit

Wie also können wir mit diesem Ersten Gesetz der Geistigkeit arbeiten und persönlichen Nutzen daraus ziehen? Wenn die Welt um uns herum so ist, wie wir sie in unseren Gedanken erschaffen, bedeutet dies, dass wir unsere Gedanken kontrollieren und gegebenenfalls verändern müssen. Und das genauso diszipliniert und konsequent, wie wir uns täglich mehrmals die Zähne putzen sollten!

Denken wir also zum Beispiel bereits beim Aufstehen: „Heute wird wieder ein schlechter Tag, denn ich muss in die Arbeit und hasse es allein schon, dafür aufstehen zu müssen“, dann wird dieser Tag mit Sicherheit schlecht verlaufen. Einfach aus dem Grund, weil unsere grundsätzliche Einstellung mit negativen Erwartungen gefüllt ist.

Erkennen Sie sich in diesem Beispiel wieder? Verändern Sie besser Ihre Einstellung! Denken Sie an positive Dinge wie: „Ich bin aufgewacht und es geht mir gut. Ich habe eine Arbeit, mit der ich gutes Geld verdiene, um mich und meine Familie zu ernähren und uns einen annehmbaren Lebensstandard zu erhalten. Heute habe ich die Möglichkeit, den besten Tag meines Lebens zu erleben. Die Welt ist gut und voller Möglichkeiten!" Fällt Ihnen ein Unterschied auf? Mit einer solchen Lebensphilosophie wird Ihr Tag hundertprozentig positiver verlaufen als mit der ersten Philosophie! Vielleicht klappt es noch nicht beim ersten Mal, aber wenn Sie Tag für Tag gezielt bereits beim Aufstehen einige positive Gedanken erzeugen, werden Sie schnell eine Tendenz zum Besseren feststellen. Sie werden Ihre positive Philosophie nicht nur aussprechen, sondern auch ausleben.

Von der Macht der Gedanken unabhängig ist selbstverständlich das Eintreten großer Schicksalsschläge. Stellen wir uns einen Mann vor, der durch einen Unfall querschnittgelähmt ist und im Rollstuhl sitzt. Es ist unmöglich, diesen Zustand zu heilen. Die Medizin ist einfach noch nicht fortgeschritten genug. Was dieser Mann jedoch tun kann, ist, die geistige Einstellung zu verändern. Anstatt zu denken, dass die Welt aufgrund seines Unfalls vollkommen schlecht sei und sein Leben keinen Sinn mehr hätte, sollte der Betroffene überlegen, was ihm dieser Umstand bringen könnte. Stephen Hawking litt an Amyotropher Lateralsklerose. Er verbrachte Jahrzehnte seines Lebens im Rollstuhl und konnte gerade einmal seinen Kopf bewegen. Trotz allem wurde er zu einem der bedeutendsten Physiker der Menschheit. Sein Gehirn und sein Geist funktionierten ungehindert und ganz hervorragend. Entsprechend verbrachte er sein Leben nicht damit, mit der Ungerechtigkeit zu hadern, dass die Krankheit ihn getroffen hatte. Die Fähigkeit, gehen zu können, wäre zwar bestimmt praktisch gewesen, war aber für seine Arbeit nicht notwendig. Er vertrat eine durchwegs positive Weltanschauung und machte das Beste aus seiner Krankheit und seinen Lebensumständen.

Der Körper ist mit dem Rahmen eines Bildes zu vergleichen, die Seele mit dem Bild selbst. Gleich, ob der Rahmen gebrochen ist oder Risse hat, das alles ist nicht wesentlich. Ein gutes Bild wirkt auch ohne Rahmen!

Je mehr wir uns etwas ganz Bestimmtes vorstellen und wünschen, desto wahrscheinlicher ist es auch, dass diese Sache zur Realität wird. Ein einfaches Beispiel hierfür: Sie gehen an einer Straße entlang, an der ständig ein Auto nach dem anderen vorbeifährt. Sie denken dabei einfach nur an „Autos".

Wenn Ihnen jetzt aber ein Freund sagen würde: „Schau dir mal an, wie viele rote Autos vorbeifahren!", dann werden Sie nicht mehr "Autos" denken, sondern „rote Autos". Und so wird Ihnen nur noch die Anzahl der roten Autos auffallen und alle anderen werden Sie gar nicht mehr interessieren. Das Gleiche kann man auch beim Einkaufen beobachten. Wenn Sie ohne eine Einkaufsliste einkaufen gehen, dann werden Sie möglicherweise einige Dinge vergessen. Mit einer Liste jedoch werden Sie den ersten Eintrag der Liste lesen und solange daran denken, bis Sie den Artikel in Ihrem Einkaufswagen liegen haben. Genau dies sollte auch im Leben und in der Planung der Ziele geschehen: Richten Sie Ihren Fokus auf das, was Ihnen wirklich wichtig ist.

Nehmen wir nun einmal an, Sie sind selbstständig und besitzen einen kleinen Lebensmittelladen, der bis jetzt recht gute Einnahmen erzielt hat und Ihnen und Ihrer Partnerin oder Ihrem Partner ein schönes Leben ermöglicht hat. Doch in den letzten sechs Monaten wurden die Kunden immer weniger und es kamen kaum noch Neukunden in Ihr Geschäft. Vielleicht beginnen Sie jetzt, zu denken, dass alles den Bach hinuntergeht und dass Sie Ihren Laden sehr bald schließen werden müssen, weil er einfach nicht mehr läuft. Sie erzählen sogar Ihrer Frau oder Ihrem Mann, was Ihnen im Kopf herumgeht. Diesen Gedanken ständig zu wiederholen, verstärkt diese immer weiter, bis sie Ihren Geist, Ihre Gedanken, vollständig beherrschen. Gelingt es Ihnen nicht, diesen negativen Gedankenkreislauf zu stoppen, wäre es nicht verwunderlich, wenn Sie Ihren Laden nach zwei weiteren schlechten Monaten tatsächlich schließen müssten.

Wenn Sie dagegen das Gesetz des Geistes in dieser Situation begreifen und bewusst anwenden, dann bringen Sie die negativen Gedanken unter

Kontrolle. Beginnen Sie stattdessen, etwas gegen die missliche Lage zu unternehmen. Ergreifen Sie Maßnahmen, beschäftigen Sie sich mit Kundenbindung oder gezielter Neukundenakquise. Bilden Sie sich weiter oder werben Sie aktiv.

Halten Sie sich vor Augen: „Ich schaffe das, ich muss nur dranbleiben, dann wird alles wieder gut. Es ist nur ein kleines Tief, das ich auf jeden Fall bewältigen kann und werde!"

Selbst diese positiven Gedanken sind nun keine Garantie dafür, dass der Laden auch in zehn Jahren noch da sein und florieren wird.

Sie werden jetzt entsetzt sein, und das will ich auch hoffen. Ihr Laden wird vielleicht nicht mehr in seiner jetzigen Form existieren, sondern zu einer der führenden Einzelhandelsketten von Deutschland gehören und EDEKA, REWE und Co. Ernsthafte Konkurrenz machen. Und all das wäre nur dank der positiven Gedanken, mit denen Sie sich selbst und Umgebung gefüttert haben, möglich geworden. Und natürlich, weil Sie die positiven Gedanken auch in die Tat umgesetzt hätten.

Vielleicht wird Ihr Laden tatsächlich nicht mehr in dieser Form existieren. Womöglich haben Sie einen Käufer gefunden, der Ihnen gutes Geld bezahlt hat, mit dem Sie und Ihre Familie nun einen ganz anderen Traum verfolgen und zur Wirklichkeit werden lassen konnten?

Aber all das hängt wiederum mit Ihrer Willenskraft zusammen. Wenn Sie etwas wirklich wollen, werden Sie sich aktiv dafür einsetzen. Tun Sie das nicht, wollen Sie offenbar auch nicht, dass Veränderungen stattfinden. Stellen Sie sich vor, Sie befinden sich in einem Boot auf dem Meer. Sie möchten noch vor dem Ausbruch eines drohenden Unwetters zum Ufer gelangen. Allein durch Abwarten, dass der

Betrachten Sie die anderen Menschen mit Empathie, aber bleiben Sie bei sich selbst. Analysieren Sie die Lage, Ihre eigenen Gedanken und Gefühle neutral von außen: Ohne sie zu werten oder sich gar ihrer zu schämen. Entscheiden Sie erst dann, was zu tun ist. Analysieren Sie sich selbst in der jeweiligen Situation, verstehen Sie, warum Sie bisher vielleicht auf negative Weise reagiert haben, und Sie werden eine Lösung finden.

Gleiches gilt für viele Glaubenssätze, die jedem von uns von klein auf vermittelt wurden. Viele von uns tragen sie mit uns herum, „Bausteine" unserer Persönlichkeit, die andere für uns gesetzt haben und die uns heute stark einschränken und uns schaden:

Sie reichen von „Ich bin dick und hässlich" oder „Ich bin unsportlich" oder „Ich bin eine langweilige Trantüte" bis zu „Ich bin eh zu dumm oder zu ungeschickt für... (setzen Sie hier beliebige Fertigkeiten und Fähigkeiten ein)". Wahlweise kennen Sie vielleicht auch „Ich bin unordentlich" oder „Ich bin hoffnungslos unmusikalisch". Ähnlich negativ wirken sich aber auch Glaubenssätze aus wie „Ich bin der oder die Schönste, Größte, Beste und alle anderen sind weniger wert als ich" oder „Niemand darf es wagen, mich zu kritisieren".

Wenn Sie diese Beispiele lesen, fällt Ihnen womöglich selbst auf, wie inhaltslos und zugleich zerstörerisch solche Muster und Glaubenssätze sind. Das allein verhilft Ihnen bereits zu einem guten Stück des nötigen Abstands dazu.

Entscheiden Sie sich jetzt dafür, solche Muster aus ihrem Leben zu verbannen. Mit Hilfe Ihrer geistigen Kräfte sind Sie allein der Schöpfer Ihrer Welt.

<u>Und nun können Sie Schritt für Schritt weitergehen und sich selbst konkrete Ziele setzen:</u>

Möchten Sie Ihr Leben Ihren Träumen anpassen? Dann ziehen Sie das Ganze vom Ende her auf. Stellen Sie sich vor, wie Sie sich Ihr Leben wünschen, wie Sie es gestalten möchten. Wie möchten Sie sich selbst gerne sehen? Wie möchten Sie sich fühlen? Wie sieht Ihr Zuhause aus? Wie fühlt es sich an, mit Ihrem Traumpartner Zeit zu verbringen? Und wie steht es mit Ihrem Kontostand? Es ist unglaublich wichtig, ein gesundes und für Sie passendes Bild zu Themen wie Partnerschaft, Familie, Finanzen, Beruf oder Gesundheit vor Augen zu haben. Das umfasst alle Lebensbereiche, auch Ihre Hobbys, Ihre Spiritualität und Religion. Malen Sie sich ein Bild von allem, was Sie lieben. Setzen Sie Prioritäten und notieren, was Ihnen gerade besonders wichtig ist. Wiederholen Sie diese Übung regelmäßig, um ihre Wunsch-Vorstellungen immer wieder auf den neuesten Stand zu bringen. Schreiben Sie alles auf, denn wenn Sie nach einiger Zeit Ihre Aufzeichnungen erneut betrachten, wird Ihnen bewusst, wie viel sich davon möglicherweise schon in Ihrem Leben manifestiert hat. Im Unterbewusstsein haben sich Ihre Gedanken in Ihr Leben gepflanzt. Wenn Sie wahrhaftig erkennen, dass Sie der Schöpfer dieser Wunder sind, sind Sie auf dem besten Wege, ein vollkommenes Bewusstsein zu entwickeln. Sie dürfen nicht aufhören zu träumen! Denn selbst materielle Dinge benötigen eine Seele. Die aber entsteht in unserem Inneren, in Träumen und in Gedankengängen. Erst durch die Energie unseres Willens kann sie sich konkret entwickeln.

Und wenn Sie sich dann in einer schwierigen Lage befinden, in ihrem Kopf alles leer und dunkel ist und Sie einfach keine Idee mehr haben, was

Ihnen das Leben überhaupt noch bieten kann, dann bringen Sie sich in einem ersten Schritt auf eine neutrale Ebene. Das schaffen Sie, indem Sie sich auf das fokussieren, was in Ihrem Leben gerade gut läuft Schreiben Sie sich auf, mit welchen Bereichen Sie zufrieden sind. Falls Ihnen keine einfallen, denken Sie weiter nach. Denn es gibt sie, wie Sie auch später im 4. Kapitel zur Polarität lernen werden. Dann fokussieren Sie sich auf diese positiven Aspekte. Seien Sie dankbar und stolz. Und dann gehen Sie den nächsten Schritt und probieren erneut die Übung zur Visualisierung Ihrer Lebensträume aus. Denken Sie sich alle Grenzen weg. Diese Grenzen können finanzieller, räumlicher, beziehungstechnischer Natur sein. Es kann sich dabei auch um die schon beschriebenen Glaubenssätze handeln, die Ihnen irgendwann einmal gepredigt oder ihnen achtlos hingeworfen wurden: „Das kannst du eh nicht“ oder „Dafür bist du nicht gut genug“ oder „Dafür fehlt dir jede Voraussetzung“ oder auch „Dafür ist es eh viel zu spät“

Was würden Sie tun, wenn Sie eine Million Euro hätten? Wenn Sie unendlich viel Zeit hätten, oder nie mehr arbeiten müssten? Wenn Sie alle Talente besäßen, die Sie sich wünschen? Was haben Sie geliebt, als Sie ein Kind waren? Was haben Sie wirklich gern getan? Diese Fragen werden Ihnen helfen, Ihren Träumen etwas auf die Sprünge zu helfen. Denn meist sind es Tabus und Glaubenssätze, die uns daran hindern, die Umsetzung unserer Träume in die Wirklichkeit anzugehen. Eigene Erfahrungen ebenso wie negative Kommentare aus unserer Umgebung löschen oft den Drang und die Motivation in uns aus, uns um ersehnte Ziele zu bemühen.

Doch was schadet ein Versuch? Was kann schon schief gehen, außer, dass es eben nicht gleich klappt? Selbst ein Fehlschlag lässt uns auf der gleichen

Ebene zurück, auf der wir uns bereits vorher befunden haben. Der einzige Unterschied wird der sein, dass Sie sich mit Ihren Träumen und deren Realisierung auseinandergesetzt und daraus gelernt haben.

Dieser Mut zum Sammeln neuer Erfahrungen ohne Furcht vor Fehlschlägen kennzeichnet einen gesunden, erwachsenen Menschen, der sich stetig weiterentwickelt.

Mit etwas Glück, Entschlossenheit, guter Vorbereitung und Willenskraft werden sich zwar nicht alle, aber doch sehr viele Situationen zum Besseren verändern lassen. Und aus jedem Versuch lernen wir, selbst wenn er missglückt.

Wenn Ihnen klar wird, wie Ihr persönlicher Traum aussieht, dann fangen Sie an, mit Ihren Gedanken auf einer großen Traumwiese zu spielen. Besonders gut helfen hier Affirmationen.

Positive Energie kann sich in verschiedensten Variationen ausdrücken. Nicht immer ist die positive Seite sofort ersichtlich. Stellen Sie sich das bekannte Yin- und Yang-Symbol vor: Das Gute ist im Schlechten und das Schlechte ist im Guten enthalten, beides hält sich im Gleichgewicht oder, anders ausgedrückt, ergänzt sich gegenseitig.

Das 2. hermetische Gesetz: Schwingung

Nichts ist in Ruhe, alles bewegt sich, alles ist in Schwingung. ~ Das Kybalion

Dieses Gesetz besagt, dass alles, was existiert, sich ständig bewegt, beziehungsweise sich in Schwingung befindet

Bereits in den frühen Anfängen der Quantenphysik fand man heraus, dass jegliche Materie aus winzig kleinen, sogenannten „Strings" besteht, die immer in Schwingung sind. Wenn man nun dieses Wissen mit der Tatsache verbindet, dass alles im Ursprung reine Energie ist, lässt sich erkennen, dass alle Bereiche in unserem Leben vom Grad der energetischen Schwingungen um uns herum abhängen: Unseren Emotionen, unserer Mentalität oder auch von materiellen Dingen, mit denen wir in Kontakt kommen. Alles bewegt und verändert sich – Gefühle, Stimmungen, Gegenstände, aber auch Lebewesen, wie wir Menschen. Die Geschichte der Menschheit ist eine Geschichte permanenter, radikaler Veränderungen.

Dies bedeutet, dass auch ein Tisch, in unseren Augen ein unbelebter, fest am Boden stehender Gegenstand, ständig in Bewegung ist. Aus der Physik ist bekannt, dass es drei Zustände gibt: Gasförmig, flüssig und fest. Gasförmige Teilchen bewegen sich sehr schnell und liegen recht weit auseinander, feste Teilchen liegen hingegen sehr eng beieinander und bewegen sich kaum, schwingen aber dennoch stetig. Wenn sich beispielsweise die Strings von Gas langsamer bewegen, entsteht daraus zunächst eine Flüssigkeit und anschließend feste Materie. Diesen Vorgang kann man am besten am Beispiel von Wasser beobachten. Füllt man Wasser in einen Topf, ist es flüssig. Die Teilchen sind relativ nah beieinander, aber flexibel. Erhitzt man den Topf auf einer Herdplatte, so fangen die Bausteine nach und nach an, sich immer stärker zu bewegen. Nach kurzer Zeit, wenn das Wasser die Temperatur von 100 Grad Celsius erreicht hat, fängt es an zu sieden. Aus dem Wasser wird nun Wasserdampf, also ein Gas, das nach oben steigt. Jetzt schwingen die kleinen Teilchen sehr stark und auch das übrige Wasser, das noch als Flüssigkeit im Topf verblieben ist, kocht und brodelt: Die Teilchen befinden sich in überaus heftiger Schwingung.

Kühlt man nun das Wasser hingegen auf unter 0 Grad Celsius ab, gefriert es und geht in einen festen Zustand über. Jetzt ist für unser Auge keinerlei Bewegung oder Schwingung mehr erkennbar. Trotzdem ist bekannt, dass das Eis in seinen winzigsten Bauteilen, den Strings, immer noch in leichter, stetiger Bewegung ist.

Dies ist reine Physik. Doch weil die hermetischen Gesetze einiges mit Physik zu tun haben, ist die Beschreibung der unterschiedlichen Aggregatzustände sehr gut zur Veranschaulichung geeignet. Um nun dieses Gesetz der Schwingung endgültig zu verstehen, müssen Sie Folgendes wissen: Jeder Mensch sendet durch seine Emotionen und seine Stimmung ebenso wie durch seine Handlungen Schwingungen aus, die nicht nur von anderen Menschen wahrgenommen werden. Sie beeinflussen auch diesen Menschen selbst und die Welt um ihn herum, teilweise auf drastische Weise. Sie haben bestimmt schon einmal das Wort „Frequenz" gehört. Genau wie eine Frequenz im Radio lassen sich auch die Schwingungen beschreiben, die ein Mensch mit seinen Handlungen auslöst, Das heißt konkret, dass jedes Augenzucken, jede Fingerbewegung und jede noch so unauffällige Geste eine Auswirkung auf das persönliche Umfeld haben.

Teilweise manifestieren sich diese „Frequenzen" als das, was landläufig als Körpersprache bekannt ist. Sie zu lesen, ist eine erlernbare Kunst: Psychologen, Polizisten oder Anwälte beherrschen sie und können häufig durch reine Beobachtung feststellen, ob eine Person lügt oder die Wahrheit sagt, etwas verschweigt, unter großer Angst oder großem Stress leidet. Denn der Körper spiegelt das wieder, was im Geist vorgeht.

Tiere haben außerordentlich feine Antennen für die menschliche Gefühlswelt: Auch sie reagieren auf Angst, Stress, Zorn oder bedrückt Sein. Nicht immer ist dies rein durch den Geruchssinn zu erklären.

Erfahrung und Intuition befähigen bestimmte Menschen dazu, die Aura, die Frequenz ihres Gegenübers zu erfassen: Sie spüren das, was der Geist über den Körper ausdrückt.

Sehen sie Ihre Welt negativ, sind Sie von Hass, Misstrauen und Ablehnung erfüllt, wird Ihnen genau diese Haltung immer wieder entgegengebracht werden -. Die Gegenwart einer negativen, von Hass oder Aggressivität erfüllen Person färbt entweder auf die Mitmenschen ab – oder diese wenden sich ihrerseits ab, wenn sie bemerken, dass ihnen diese „miese Grundstimmung" nicht guttut. Eine ähnliche Wirkung haben Gier, Neid oder Missgunst: Die damit verbundene, negative Frequenz wirkt unsympathisch und abstoßend.

Beispiele aus meiner Vergangenheit

Ein gutes Beispiel ist meine eigene Ausbildungszeit. Ich hatte mit 16 Jahren eine Lehre als Industriekaufmann begonnen und war in einem mittelständischen Unternehmen beschäftigt. In den Großraumbüros waren rund um die Uhr von allen Seiten laute Telefonate, aber auch Gespräche der Mitarbeiter untereinander zu hören.

Es gab zwar halbhohe Wände zwischen den Arbeitsplätzen, die den Schall dämpfen sollten, doch das funktionierte nicht wirklich. Ständig hörte man Kollegen von der baldigen Rente sprechen und wie gut es ihnen dann gehen würde. Mir, der ich noch 50 Jahre Arbeit vor mir hatte, wünschten sie ironisch noch viel Spaß.

Ebenfalls zu hören waren ständige Berichte über Krankheiten oder Hüftoperationen. Urlaube waren ein weiteres häufiges Gesprächsthema: Kollege A oder B flöge viel zu oft in den Urlaub, hieß es da beispielsweise. Erst gegen Ende der Ausbildung wurde mir klar, dass doch eigentlich gar nichts dagegen spricht, in den Urlaub zu fliegen, wenn dafür genug Zeit und Geld verfügbar sind. Eine Auszeit ist etwas Gutes!

Warum also sprachen die Kollegen so schlecht über diesen reiselustigen Mitmenschen, der für seine Reisen vermutlich auf eine ganze Reihe anderer Dinge verzichtete. Schierer Neid bestimmte diese Kommentare und strahlte intensive, unangenehme Frequenzen aus, die auch mich zu beeinflussen begannen.

Nun könnten Sie sagen, dass ich damals jung und dumm war. Heute weiß ich, dass man sich von solchen negativ gestimmten Menschen tunlichst fernhalten sollte und wie wichtig es ist, sich seine eigene

Meinung zu bilden. Wie gesagt: Ich freute mich, dass dieser eine Kollege gerne und oft in den Orient flog und sich für die Kulturen, Religionen und Sprachen dort interessierte. Ich hörte ihm gern zu, wenn er von seinen Reisen erzählte. Die übrigen Arbeitskollegen hingegen taten vor ihm nur so, als würden sie sich freuen. Insgeheim waren sie neidisch auf das Geld, das er sich angespart hatte, neidisch auf seine Leidenschaft für den Orient, auf seine Erlebnisse und Erfahrungen.

Hat jemand etwas erreicht und kann sich bestimmte Dinge leisten, ergeben sich schnell ganz ähnliche Situationen, auch im Freundeskreis:

Neid-Frequenzen werden ausgesendet. Zumindest von falschen Freunden. Echte Freunde werden sich für Sie freuen. Natürlich sind Neid, Gier oder Missgunst immer präsent. Auch ich selbst war schon oft neidisch: Mein Freund hatte sich einen Mercedes-Benz als Erstwagen gekauft, ich mir „nur" einen Skoda. Ich reagiere jedoch nicht mit übertriebenen Regungen darauf, etwa damit, dem anderen etwas Schlechtes zu wünschen, ihm das Auto nicht zu gönnen oder ähnlichem. Ich reagiere mit der gesunden Dosis Neid und sage meinem Freund einfach „Wow, so ein Auto hätte ich auch gern, aber Dir gönne ich es von Herzen!". Sehen Sie den Unterschied?

Ich möchte Ihnen anhand des folgenden Beispiels einmal die unbewusste Wahrnehmung dieses Gesetzes der Schwingung verdeutlichen:

Ich habe in der 3. Klasse meiner Grundschule einmal einen Selbstverteidigungskurs besucht. Wir lernten dort allerdings nicht nur, dass man einem männlichen Angreifer am besten zwischen die Beine treten sollte, um ihn außer Gefecht zu setzen oder wie man mit lautem Brüllen einen Verfolger abschrecken kann. Wir lernten auch etwas über die unbewusste Macht des Gesetzes der Schwingung. Hierzu setzten wir uns alle (wir waren etwa 15 Schüler) in einen Stuhlkreis. Wir sollten alle unsere Augen schließen und konnten nichts sehen. Das Ziel dieser Übung war es, den Lehrer, der hinter uns am Stuhlkreis vorbeiging, dabei zu erwischen, wie er hinter uns stehen blieb und uns anstarrte. Er war so leise, dass wir nicht hören konnten, ob er hinter einem selbst oder vielleicht doch drei Schüler weiter weg stand. Wir durften uns außerdem erst umdrehen, wenn wir uns wirklich sicher waren, dass er hinter einem stand.

Nun, was soll ich sagen. Es war erschreckend einfach. Fast jedes Mal, wenn der Lehrer hinter einem Schüler stehen blieb, drehte dieser sich binnen weniger Sekunden um, da er seinen Blick, seine Emotionen, wahrnahm, obwohl er den Mann weder sehen, hören, noch mit den Händen spüren konnte. Dies war für mich damals ein äußerst interessanter Moment und eine sehr hilfreiche Lektion. Wie die Lehrer dieses Spiel nannten, weiß ich leider nicht mehr. Aber es hat auf jeden Fall etwas mit dem 2. hermetischen Gesetz der Schwingung zu tun. Durch die Aura spüren wir einander, obwohl wir uns gar nicht optisch sehen können.

Wale verständigen und orientieren sich über unglaubliche Entfernungen hinweg mit Schalltönen oder „Frequenzklicks“, ohne dass sie einander sehen könnten. Frequenzenergie oder eine Aura funktionieren ganz ähnlich wie die Rufe der Wale. Die Bewegung der Schallwellen löst einen nur für die Tiere hörbaren Ton aus.

Beispiele aus dem Alltag

Ein alltägliches Beispiel sind die reinen Blicke anderer Menschen, die wir spüren können. Sicher wissen Sie, was ich meine, wenn Sie diese Situation gelesen haben und an typische Alltagssituationen denken. Erinnern Sie sich einfach mal an eine Bahnfahrt, oder an eine Gelegenheit, als Sie mit Freunden in einer Bar waren. Schüler und Studenten erleben so etwas auch häufig im Unterricht im Klassenraum.

Es ist dieser Moment, wenn Sie in der Bahn sitzen und einfach nur warten, bis Sie am Ziel ankommen. Sie blicken aus dem Fenster oder auf Ihr Handy. An der nächsten Station setzt sich Ihnen dann eine fremde Person gegenüber. Kurz werden Blicke ausgetauscht und dann starren Sie wieder aus dem Fenster oder auf Ihr Handy. Aber schon nach kurzer Zeit bemerken Sie, wie diese andere Person Sie von oben bis unten mustert oder auch „abcheckt". Obwohl Sie nicht aufblicken, spüren Sie einfach, wie Sie fixiert werden. Ein kurzer Blick in das Gesicht der anderen Person bestätigt dann Ihr Gefühl. Auch dies ist die Schwingung des anderen, die auf Sie übergeht, sei sie nun positiv oder negativ.

Solche Wahrnehmung beruht häufig auf Gegenseitigkeit und auch dies beeinflusst dann wieder die jeweilige Aura und die Körpersprache der involvierten Personen. Dies geschieht meist ganz unbewusst.

Ein sehr augenfälliges Beispiel für die Auswirkung von Aura und Schwingungen begegnet uns, wenn wir uns verlieben: Gefühle sind nicht einfach nur abhängig von der Wirkung der Hormone. Die Aura, die Ausstrahlung des Gegenübers ist es, die eine Person für uns anziehend und sympathisch macht.

Nicht immer gehen Liebesgeschichten auch gut

aus: Wen wir anziehen oder auf wen wir attraktiv wirken, das hat auch viel mit unseren Lebenserfahrungen zu tun. Wie wurden wir erzogen, wie sind wir aufgewachsen, haben wir schon als Säuglinge Liebe und Zuneigung erfahren? Bekamen wir die Chance, das sogenannte „Urvertrauen“ zu entwickeln? Welche „Glaubenssätze“ bekamen wir von unserer Familie, unseren Eltern mit? Und wie gut können wir uns selbst lieben und akzeptieren?

Diese Faktoren entscheiden – ohne dass es uns bewusst wäre – darüber, ob wir Menschen in unser Leben ziehen, die uns guttun, oder andere, mit denen wir nicht funktionsfähige, negative Beziehungen führen.

Je bewusster uns jedoch alle diese Zusammenhänge und Gesetzmäßigkeiten werden, desto effektiver lernen wir daraus und übernehmen die Kontrolle auch darüber, wie wir unsere Liebesbeziehungen gestalten.

Jedes Wesen strahlt eine Frequenz aus, auch Tiere und Pflanzen und die Elemente, die uns umgeben. Wenn Sie sich häufig draußen in der Natur aufhalten, ist Ihnen diese Tatsache sicher vertraut. Sie haben dann vermutlich ein gutes Gespür dafür, ob Tiere in der Nähe sind, oder ob sich das Wetter verändern wird.

Eine hervorragende Wahrnehmungsübung eignet sich auch für „Stadtmenschen“: Starten Sie zu einem langen Waldspaziergang. Suchen Sie sich einen Ort, an dem Sie sich wohl fühlen und schließen Sie die Augen. Konzentrieren Sie sich auf alles, was Sie spüren, hören oder riechen. Notieren Sie all diese Eindrücke ebenso wie die Gefühle, die dabei entstanden. War die Erfahrung für Sie beruhigend, beängstigend, vielleicht aufregend?

Die persönlichen Frequenzen und Schwingungen

sind eine starke Form der Kommunikation ohne Sprache. Ein weiteres Beispiel dafür ist die Beziehung zwischen Mutter und Säugling. Das Baby hört auf zu schreien, sobald die Mutter es auf den Arm nimmt oder mit sich herumträgt. Die Mutter erspürt schon bald, wann das Kleine Hunger hat, gewickelt werden muss oder einfach nur etwas Wärme und Nähe braucht.

Zwischen Mensch und Tier lässt sich diese Art der Kommunikation ebenfalls beobachten. Hunde reagieren auf Augenkontakt, auf Körpersprache und auf die Stimmung Ihres Herrchens oder Frauchens. Trauer, schlechte Laune, selbst Krankheiten nehmen sie mit allen Sinnen wahr.

Verhaltensforscher versuchen seit langem zu ergründen, warum und wie Tiere zu wissen scheinen, wann ihr Mensch beispielsweise auf dem Weg nach Hause und nur noch wenige Kilometer entfernt ist: Selbst, wenn Personen nicht immer zur gleichen Zeit heimkommen, wird der Hund meist schon erwartungsvoll vor der Tür sitzen! Diese Fähigkeit, Frequenzen zu registrieren, ist bei Tieren ausgeprägter als bei uns Menschen. Auch Pferde oder Katzen, die einen engen Bezug zu „ihrem" Menschen haben, überraschen uns immer wieder: Sie sind, ähnlich wie Hunde, einfühlsam und geduldig, oder registrieren Gefahren, Schwächen oder Krankheiten, lange bevor wir Menschen etwas davon wahrnehmen. Ganze Bücher ließen sich mit Beobachtungen und Bestätigungen dieser Fähigkeiten füllen!

In einer Schulklasse voller Zwölfjähriger geschieht ein solch unbewusster Austausch von Frequenzen beinahe täglich. Kinder sind in Regelfall nicht so stark „angefüllt" mit Wissen und Informationen, sondern mehr auf ihre Instinkte und Gefühle ausgerichtet.

In diesem Alter beginnen viele Kinder langsam, sich für das andere Geschlecht zu interessieren. Stellen wir uns einen 12-jährigen Jungen vor. Da der Unterricht ohnehin totlangweilig ist, lässt er seinen Blick durch den Klassenraum schweifen. Dabei entdeckt er DAS MÄDCHEN. Sie entspricht genau seinem Geschmack. Während sie aufmerksam dem Unterricht folgt, schaut er auf ihr Gesicht und ihre schönen Haare. Während er von einem Date mit ihr träumt, registriert sie seine Blicke in Form der Schwingungen, die er aussendet. Es sind die Schwingungen der Liebe. Plötzlich dreht sich das Mädchen in seine Richtung und schaut ihm direkt in die Augen. Er dreht sich schnell weg und tut so, als hätte er nur zufällig in ihre Richtung geschaut.

Ein weiteres Beispiel von Schwingungen bemerkt man auch, wenn man eine Straße entlang geht und sich die eigene Verfassung dabei bewusst macht.

An manchen Tagen fühlen wir uns schwach und emotional angeschlagen, vielleicht frustriert oder verärgert von bestimmten Ereignissen in unserem Leben. An solchen Tagen glauben wir, selbst wenn wir nur von A nach B gehen, jeder nähme sich unseren Weg, würde uns absichtlich oder achtlos anrempeln oder uns zum Ausweichen zwingen. Doch das hat nichts mit einer plötzlichen Anhäufung böser, achtloser Menschen auf der Straße zu tun. Der Grund dafür ist das Gesetz der Schwingung. An diesem speziellen Tag bringen uns die eigenen, negativen Schwingungen laufend in solche Situationen. Machen Sie die Probe aufs Exempel und gehen Sie den gleichen Weg an einem Tag, an dem Sie gut gelaunt, selbstbewusst und fröhlich sind, und vielleicht Wildfremde spontan anlächeln oder grüßen. Ihre Erfahrung wird eine völlig andere sein. Ihr Weg wird sich von ganz alleine ebnen, Sie werden vielen freundlichen Menschen begegnen, niemand wird Sie anrempeln, ignorieren oder missachten.

Unser gesamtes Umfeld reagiert unmittelbar und direkt auf die Frequenzen, die wir selbst aussenden. An besonders „schlechten" Tagen ist es Zeit, in sich zu gehen und sich diese Zusammenhänge klar zu machen. Versuchen Sie dann, sich wieder mit positiver Energie aufzuladen: Finden Sie Gründe dafür, dankbar zu sein und sich selbst über kleine Dinge zu freuen. Gelingt das, wird Ihr Tag einen ganz anderen Verlauf annehmen. Manchmal braucht es ein paar Anläufe, bis das gelingt, aber es ist möglich und im Endeffekt auch eine Art Test. Solche Tage werden prüfen, wie stark Ihre Willenskraft ist und inwieweit Sie es schaffen, das hermetische Gesetz der Schwingung zu verstehen und in Ihre Realität umzusetzen.

Nehmen Sie sich an solchen Tagen einfach mal ein paar kurze Minuten, gehen sie an einen Ort, wo sie ungestört ganz alleine sein können und atmen vorerst tief ein und dann tief wieder aus. Dann sagen Sie sich als erstes, alles, was bis jetzt schief gegangen ist, ist nun mal passiert und die Vergangenheit lässt sich nicht mehr rückgängig machen. Also haben Sie nun die Chance, die Zeit, die vor Ihnen liegt, so zu gestalten, wie Sie es sich wünschen. Denken Sie über das, was schiefgelaufen ist, neutral und lösungsorientiert nach. Richten Sie Ihren Fokus auf das Positive. Sie werden schnell feststellen, dass Sie sich so Schritt für Schritt neue Energie und Ihre Ruhe zurückholen. Nutzen Sie die Techniken, die wir im ersten Kapitel ausführlich beschrieben haben, um wieder zu sich selbst zu finden.

Genauso wichtig ist es, sich vor negativen Energien von außen zu schützen. Beobachten Sie, wie Sie sich fühlen, wenn Sie einen Raum betreten, wenn Sie in Kontakt mit bestimmten Menschen treten und wie sich Ihre Gedanken und Gefühle dabei entfalten. Mit ein bisschen Übung können Sie ganz schnell die jeweiligen Energien spüren und lernen, damit umzugehen. Sie werden mit der Zeit sehr gut unterscheiden können, welche Energien Ihre eigenen sind und welche von anderen ausgehen. Je mehr Sie darüber wissen, welche Energien Sie umgeben und wie diese Sie einwirken, desto besser. Sie werden auf diese Weise mehr und mehr darüber entscheiden lernen, welche Energien Sie in sich aufnehmen wollen, und welche nicht.

Praxistipps zum Gesetz der Schwingung

Nun wissen wir also, was das 2. hermetische Gesetz beinhaltet und wie es funktioniert. Wie aber können wir dieses Gesetz in unserem neuen Leben sinnvoll anwenden und es nutzen, die Dinge zu verbessern? Ja, auch hier können wir wieder Vieles maßgeblich verändern.

Liebe

Liebe ist das Gefühl, auf das es ankommt. Beginnen Sie damit, sich selbst zu lieben. Lieben sie Ihre Umwelt, Ihre Mitmenschen, Ihre Emotionen, Handlungen und selbst Ihre Ängste. Angst zu haben, ist nicht zwangsläufig etwas Schlechtes.

Stellen Sie sich vor, Sie geraten plötzlich mitten in ein Kriegsgebiet. Sie fürchten um Ihr Leben! Wäre dies nicht der Fall, hätten Sie keine Chance, zu überleben, denn Sie liefen furchtlos und blind mitten ins Geschützfeuer hinein. Die Angst mobilisiert Ihre Überlebensinstinkte und ist eine sehr sinnvolle Reaktion.

Wenn Sie allerdings in der Schule oder in der Arbeit einen Vortrag halten müssen, ist übermäßige Angst eher ein Hemmschuh. Das allseits bekannte Lampenfieber ist nichts anderes als Angst. Ein kleines Quantum davon beflügelt Sie zur Höchstleistung, zu viel davon lähmt Sie allerdings, blockiert Ihr Denkvermögen und lässt Ihnen buchstäblich das Wort im Halse steckenbleiben. Doch im Gegensatz zu dem, was Menschen inmitten von Kriegshandlungen droht, kann Ihnen da oben am Rednerpult rein gar nichts passieren. Sie müssen nicht sterben, wenn Sie einen Fehler machen. Ignorieren sie also die Angst oder finden Sie einen Weg, sie sogar zu lieben.

Wer sich seiner Angst nicht stellt oder sie akzeptiert, der wird in seinem Leben niemals das erreichen, was er sich wirklich wünscht. Wer sich nicht selbst liebt, der wird auch keinen anderen Menschen lieben können. Ein Mensch, der nicht gelernt hat, zu lieben was er tut und wie er ist, wird niemals glücklich und zufrieden sein können.

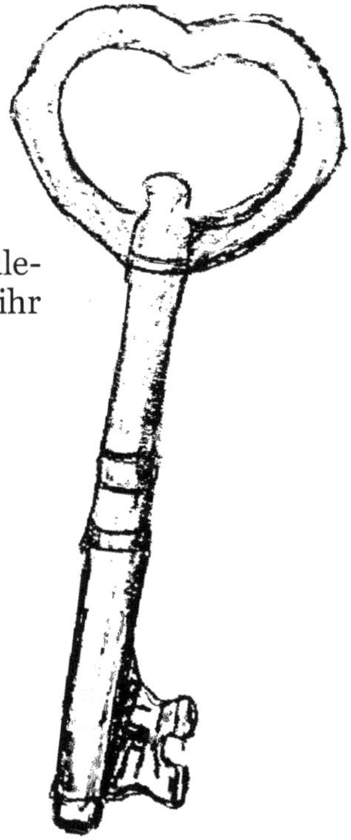

Versetzen Sie sich in eine Situation, in der Sie mit Ihrem Partner oder Ihrer Partnerin einfach nicht mehr klarkommen. Sie werden schlimmstenfalls die Beziehung beenden wollen oder wenigstens ein grundlegendes Gespräch mit ihm oder ihr suchen.
Es ist dabei sehr wichtig, was Sie sagen, wie Sie es sagen und welche Emotionen und Handbewegungen Sie dabei vermitteln. Schauen Sie dem Gegenüber in die Augen? Wie lange? Bewegen Sie Ihre Hände? Ist Ihre Tonlage tief oder hoch?
Welche Wörter benutzen Sie und wie betonen Sie diese?
Bedenken Sie, dass jede Kleinigkeit darüber entscheidet, ob Ihr Gesprächspartner Sie richtig versteht oder Ihre Worte ungewollt „in den falschen Hals" bekommt.

Daher ist es besonders wichtig, in dieser Situation auf das eigene Gefühl zu achten. Die Körpersprache sowie die Schwingungen, die Sie damit aussenden, lassen sich nur sehr schwer bewusst steuern. Wir können jedoch mit unseren bewussten Gedanken alle Gefühlszustände erzeugen, die wir uns wünschen. Es benötigt etwas Training, aber es ist möglich.

Im Falle Ihrer partnerschaftlichen Aussprache ist die wichtigste Regel: Lassen Sie sich nicht spontan, in Zorn und Ärger verstrickt, zu einer Auseinandersetzung hinreißen. Wählen Sie stattdessen einen für beide günstigen, ruhigen Moment an einem Ort, an dem Sie sich beide wohl fühlen und mit dem Sie womöglich schöne gemeinsame Erinnerungen verbinden. An diesem Ort werden Sie beide positive, ruhige und friedfertige Schwingungen aussenden. Taten oder Eigenschaften, die normalerweise für „Zündstoff" und Konflikte sorgen, werden Ihnen, wenn Sie tief in sich hineinhorchen, auf einmal weniger gravierend erscheinen.

Das heißt nicht, dass Sie weiterhin in einer nicht funktionsfähigen Partnerschaft verbleiben und inakzeptable Verhaltensweisen dulden müssen. Sie sollten nur die Aussprache auf einer sachlichen möglichst spannungsfreien und positiven Ebene führen können. So lange Ihnen Ihr Partner, Ihre Partnerin noch am Herzen liegen, Ihnen wichtig ist und die Beziehung es wert ist, sie auf eine neue, bessere Basis zu stellen, schaffen Sie so beste Voraussetzungen für ein gutes, versöhnliches Gespräch.

Kleinliches Gezänk und im Alltag immer wieder eingestreute „Spitzen" verschlimmern die Sache. Das gezielte Gespräch dagegen erfordert Vorbereitung, Energie, Ruhe und Geduld. Legen Sie sich gezielt zurecht, worüber Sie wie sprechen möchten. Bleiben Sie bei sich: Schildern Sie, was Sie sich anders wünschen oder was in der Beziehung Sie als negativ und entmutigend empfinden. Über konstruktive Streit-Kultur und Beziehungsarbeit wurden bereits zahllose Bücher geschrieben. Doch bei diesem schwierigen Kapitel ist es außerordentlich wichtig, mit einer positiven Grundstimmung den nächsten Schritt zu tun.

Bei der Vorbereitung beispielsweise einer Präsentation oder eines Vortrages hilft Ihnen auch die tägliche Übung für mehr Selbstbewusstsein. Da alles miteinander verknüpft ist, können Sie sogar mit Ihrer Körperhaltung Ihre Gefühle beeinflussen. Stellen Sie sich zum Beispiel jeden Tag mit stolzgeschwellter Brust vor den Spiegel und sagen sich wunderbare Dinge über sich selbst, wird es mit der Zeit für Sie normal, sich in dieser Haltung zu bewegen, zu sprechen und auch anderen Menschen gegenüberzutreten.

Lächeln Sie, auch wenn Ihnen nicht danach zumute ist. Das mag Ihnen absurd erscheinen, aber es hilft Ihnen, Niedergeschlagenheit in den Griff zu bekommen, ebenso Enttäuschung oder Frustration.

Lesen Sie etwas, das Sie aufbaut und bestärkt. Oder sehen Sie sich schöne Bilder an. Auch wenn Sie sich an einem Tag höchst angreifbar fühlen, verhelfen Ihnen all diese Übungen, Ihre Kräfte wieder zu sammeln und sich den Herausforderungen des Lebens zu stellen. Wenn Sie selbst während einer Prüfung, einer Präsentation oder eines Vortrages, den Sie vor einem strengen Auditorium halten müssen, an Ihre Körperhaltung denken, hilft Ihnen das, entsprechend überzeugende Schwingungen auszusenden.

Sie sind angespannt und ängstlich? Lächeln Sie! Das wird sich positiv auf Ihre Stimmung auswirken und diese wiederum vermitteln Sie an Ihre Zuhörerschaft.

Ein gutes Werkzeug gegen Angst ist auch, sich selbst zu sagen, „ich möchte doch Spaß haben!“

Wenn man in diese Gefühlswelt der Freude und Begeisterung überwechselt, verschwinden die Ängste von ganz allein. Diese Stimmung übertragen Sie auch an Ihre Umwelt.

Stellen Sie sich vor, Sie sind in einer Gruppe unterwegs, beispielsweise auf einer anspruchsvollen Bergwanderung. An einer schwierigen Stelle entsteht plötzlich eine Angst- oder Paniksituation. Mit dem richtigen Gespür finden Sie schnell heraus: „Nein, das sind nicht meine Energien". Halten Sie Distanz und Sie werden ganz schnell bemerken, dass Sie auf diese Art auch das Wohlbefinden der anderen beeinflussen, sie beruhigen und zu besonnenem Handeln bringen können Mit Ihrem Mut und Ihrer Fähigkeit, sich nicht in die Panikstimmung hineinziehen zu lassen, tragen Sie dazu bei, dass die Gefühle der Angst, der Gefahr und der Unsicherheit innerhalb der Gruppe einer anderen Frequenz weichen werden: Und es wird allen sehr viel leichter fallen, beispielsweise einen gefährlichen Abschnitt ihrer Route zu überwinden – oder aber es wird in aller Ruhe beschlossen, umzukehren, beispielsweise um einen leichteren Weg zu finden oder einem Unwetter zu entgehen. Sie kennen sicher den Spruch „Angst ist ein schlechter Ratgeber". Selbstsicherheit, Ruhe und Besonnenheit eignen sich besser, um schwierige Phasen zu bewältigen. Versuchen Sie es.

Schon allein ein Lachen oder ein Lächeln ist ein großer „Liebesbeweis". Es ist ein Zeichen von Wohlwollen, Offenheit und eine Einladung, mit Menschen in Verbindung zu treten. Betrachten Sie Ihre aktuelle Lebenssituation bewusst von außen und neutral. Sie werden allmählich feststellen, dass die „Darsteller" und „Inhalte" auf der „Bühne" des Lebens Ihren eigenen, inneren Gemütszustand wiederspiegeln. Dies ist alles kein Zufall, sondern ein Effekt des Gesetzes der Schwingungen.

Sobald Ihnen das bewusst wird, sind Sie in der Lage, gezielt selbst Einfluss auf Ihre Gedankenwelt und Gefühle zu nehmen. Sehnen Sie sich nach mehr Glück, Freude und Liebe, können Sie sich selbst in einen Zustand positiver, guter Schwingungen bringen. Das liest sich recht seltsam und Sie fragen sich jetzt sicher zu Recht: Wie bringe ich mich von ganz alleine in eine Frequenz der Liebe? Ganz besonders dann, wenn einem im Augenblick aus der Umgebung nichts davon entgegenschlägt? Wenn Sie sich gerade sehnlichst wünschen, von Ihrem Chef anerkannt und respektiert, von Ihrem Partner oder Ihrer Partnerin unterstützt und geliebt zu werden und nichts davon sich zu realisieren scheint? In diesen Situationen fühlen Sie sich ziemlich ausgeliefert und abhängig. Das Selbstwertgefühl ist am Boden.

Doch nach dem Gesetz der Schwingung haben Sie bereits alles zur Verfügung, was Sie benötigen. Nicht die Welt „da draußen" entscheidet darüber, ob sie geliebt oder respektiert werden. Es geht darum, dass wir eine Lücke in uns tragen, welche es bedarf zu heilen. Wir alle tragen diese „Lücken" von fehlender Liebe oder fehlendem Selbstwert in verschiedenen Ausprägungen in uns. Sie sind meist in unserer Vergangenheit entstanden und brechen immer wieder auf Jedoch

können wir mit dem Wissen um die hermetischen Gesetze und vor allem um das Zweite Gesetz der Schwingung einen großen Teil dazu beitragen, uns selbst und gleichzeitig unser Umfeld und unsere Mitmenschen zu heilen. Dieses Wissen ermöglicht es uns, uns selbst und das Leben zu akzeptieren und zu lieben.

Tun Sie täglich etwas für diese Selbstliebe – tun Sie Dinge, die Sie lieben und die Ihnen guttun. In kurzer Zeit wird sich Ihr Leben, werden sich die äußeren Bedingungen nach den neuen Gegebenheiten formen. Sie werden bald im Alltag kleine und größere Veränderungen zum Positiven wahrnehmen. Unser Vertrauen in die hermetischen Gesetze wird belohnt.

Vielleicht fragen Sie sich jetzt: Wie ist diese Form der Selbstliebe zu bewerten? Ist es nicht egoistisch, arrogant und „selbstverliebt“, sich selbst auf diese Weise zu sehen? Ja, das ist denkbar, aber glauben Sie mir, wenn Sie anfangen, mit dieser besseren Einstellung zu sich selbst, in einer neuen, positiven Energie zu leben, wird sich auf jede Person auswirken, die sich in Ihrem Umfeld bewegt. Die Menschen werden praktisch von Ihren „guten Schwingungen“ angesteckt und fühlen sich wohl in Ihrer Gegenwart. Es gibt auch Menschen, die mit dieser Form von Liebe nichts anfangen können. Doch die werden sich automatisch von Ihnen abwenden. Das mag Sie im ersten Moment erschrecken, doch im Grunde tut es nichts, denn dabei handelt es sich genau um die Personen, die Sie bisher stets heruntergezogen, klein gemacht und ihnen nicht gutgetan haben. Es ist trotzdem wichtig, auch diese Menschen zu akzeptieren, wie sie sind, und nicht zu verurteilen.

Wie funktioniert es nun, sich selbst zu lieben? Wenn Sie es nie gelernt haben, wird es einige Zeit brauchen, bis Sie effektiv zur Selbstliebe imstande sind, aber es ist

eigentlich ganz einfach: Tun Sie Dinge, die Sie lieben, die Ihnen Freude bereiten und die Ihnen ein Lächeln auf die Lippen zaubern. Begeben Sie sich dorthin, wo Ihre Passion liegt, wo Sie Ihr Herz spüren und wo Sie das Gefühl haben, dass Sie die komplette Welt erobern könnten. Denken Sie an das, was Sie als Kind liebend gerne gemacht haben und integrieren Sie es wieder in Ihren Alltag. Sie werden spüren, dass es möglich ist, sich in sich selbst zu verlieben oder besser ausgedrückt, wieder mit sich selbst Frieden zu schließen. Und die Energie, die Sie dann spüren werden, werden Sie sich ganz allein zu verdanken haben, denn Sie haben ein großes Herz und tragen bereits alles Nötige in sich. Leben Sie in diesem Gefühl, dann wird Ihre „Bühne“ frei, um ein prachtvolles Theaterstück aufführen zu können, dass Sie in vollen Zügen und mit allen Sinnen genießen werden.

Das 3. Hermetische Gesetz: Analogie

Wie oben, so unten; wie unten, so oben.
~ Das Kybalion

Das Gesetz der Analogie schließt an das Gesetz der Bewegung an und besagt, dass alles Vorhandene sehr ähnlich in einer anderen Daseins-Form existiert. Darum lässt sich auch sagen, dass das Innere im Äußeren und andersherum zu erkennen ist. Oben ist auch im Unten und umgekehrt. Kleines existiert im Großen und das Große im Kleinen. Die Außenwelt ist immerzu das Spiegelbild unseres Inneren. Das sogenannte kollektive Bewusstsein, also das Bewusstsein, welches das ganze Universum verbindet, ist Teil von jedem individuellen Bewusstsein und andersherum. Wenn wir selbst als Individuum eine negative Weltanschauung haben, so wird dies auch das kollektive Bewusstsein beeinflussen.

Wer also die Welt um sich herum verändern möchte, muss zuerst sich selbst ändern. Wenn Sie Ihr Inneres verändern, dann ändert sich automatisch auch ein Teil Ihres Äußeren. Laut wissenschaftlichen Studien bewirkt bereits ein einziges Work-Out, dass wir uns äußerlich attraktiver finden. Wir feilen mit Sport an unserem Äußeren, verändern damit aber unbewusst auch unser Inneres, da wir uns selbst danach viel attraktiver finden und besser fühlen. Wir Menschen ziehen diejenigen Dinge an, die die gleiche Schwingungsfrequenz besitzen wie wir. Denn gleich und gleich gesellt sich gern. Nach diesem Motto können Sie viele weitere gute Ansatzpunkte finden, welche Sie in Ihren Alltag einbauen könnten:

- Versuchen Sie sich selbst mehr Wert zu geben, indem Sie sich regelmäßig verwöhnen und Dinge in Ihr Leben integrieren, die Ihnen guttun. Nehmen Sie dies wirklich ernst. Versuchen Sie, diese Verabredungen mit sich selbst einzuhalten, solange es machbar ist. Stellen Sie sich gelegentlich in den Vordergrund und setzen Sie sich dafür feste Tage oder Termine. Geben Sie diesen Ereignissen Priorität und äußerste Wichtigkeit. Sie werden bemerken, dass sich dies in Ihrer Haltung ausdrückt und dass mit der Zeit auch andere Menschen beginnen, Sie und Ihre Bedürfnisse ernster zu nehmen.

- Helfen Sie anderen Menschen und bereiten Sie ihnen Freude. Sie werden sehen, eine freundliche Geste, ein kleines Geschenk, ein Lächeln, etwas Hilfsbereitschaft oder auch nur eine Frage nach dem Befinden werden meist sehr positiv aufgenommen. Sie selbst werden sich aus tiefstem Herzen zufrieden fühlen, wenn die Freude zu Ihnen zurückkommt! Oder wenn es Ihnen gelingt, auf ein trauriges Gesicht ein Lächeln zu zaubern. Lachen, Lächeln und gute Laune sind ansteckend. Nicht immer sind materielle Aufwendungen notwendig, um die Stimmung zu heben – sowohl bei Ihnen wie auch bei Ihren Mitmenschen.

- Hören Sie anderen bewusst zu und lernen Sie aus deren Lebenssituation oder vorbildlichen Einstellung. All das erreichen Sie einfach nur dadurch, dass Sie freundlich in Kontakt zu anderen treten und sich öffnen.

- Wenn es Ihnen schlecht geht, gehen Sie in ein Café oder an einen Ort, an dem Sie vielen Menschen begegnen. Egal ob Sie mit diesen reden oder nicht, schon deren Anwesenheit wird Ihre Stimmung deutlich heben: Menschen sind soziale Wesen und brauchen Gesellschaft. Machen Sie an besonders grauen, kalten Wintertagen gleich die Probe aufs Exempel und dabei die Erfahrung, wie die miese Stimmung im Nu verfliegt.

Beispiele aus dem Alltag

Das nachfolgende Beispiel hat in keiner Weise einen rassistischen Bezug. Aber es ist nun einmal eine Tatsache: In einer Gesellschaft „gebürtige“ und „nicht-gebürtige“ Menschen (diese Begriffe sind wertungsfrei zu verstehen) gesellen sich zum Großteil nicht gerne miteinander. Das liegt zum einen am Äußeren, zum anderen aber auch an der Kultur, zumindest in Europa. Ein Migrant, auch wenn er exzellentes Deutsch spricht, hat nun einmal eine Reihe von Traditionen und Eigenarten aus seiner ursprünglichen Kultur mit nach Deutschland gebracht, die den hiesigen Landsbewohnern fremd und exotisch erscheinen.

Viele Deutsche vermeiden deshalb vermutlich den Kontakt mit dieser Person. Das muss gar nichts mit Ausländerfeindlichkeit oder Vorurteilen zu tun haben. Es sind einfach abweichende Frequenzen, eine „fremde“ Ausstrahlung. Grob gesagt, haben wohl die meisten Deutschen relativ ähnliche Frequenzen. Die Unterschiede zeigen sich auch innerhalb einer Gesellschaft: Die Mitglieder der der Mittelschicht haben etwa die gleichen, aber wiederum andere Auren oder Frequenzen als die ärmere Bevölkerung. Diese Armen haben jedoch allesamt ebenfalls eine ähnliche Frequenz. Das Ergebnis? Alle diese (willkürlich gewählten) Gruppierungen teilen Emotionen, Probleme, Lebensgefühl und Erfahrungen miteinander.

Ein weiteres Beispiel für derartige Analogien: Haben Sie sich schon mal überlegt, wieso Ihnen stets die gleichen Probleme begegnen, während Ihnen die Sorgen und Nöte anderer Menschen gar nicht auffallen oder Ihnen weniger wichtig erscheinen als Ihre eigenen? Doch eines Tages treffen Sie jemanden, der oder die Ihnen über Erfahrungen und Situationen berichtet, die den Ihren aufs Haar gleichen. Sie verstehen diese Person, Sie können sich sogar ausgezeichnet in Sie einfühlen.

Für einen Dritten wiederum sind gerade Ihre Bedürfnisse oder Misslichkeiten im Leben geradezu lächerlich, winzig oder uninteressant.

Alles eine Frage des persönlichen Standpunktes, werden Sie jetzt sagen. Sobald Sie diesen Standpunkt verändern, verändert sich auch die Perspektive, aus der Sie auf Ihre eigene Lebenssituation blicken. Dies ist also der „Hebel“, den Sie nutzen können, um Ihr Umfeld positiv zu verändern oder mit Problemen künftig anders und besser fertig zu werden.

Stellen Sie sich einen Menschen vor, der stark übergewichtig ist und aus diesem Grunde Schwierigkeiten hat, etwas Passendes zum Anziehen zu finden. Entsprechend wird sich diese Person beklagen, dass das Angebot an schicker Kleidung für größere Größen so begrenzt und sie selbst so dick wäre. Mit den Sorgen und Nöten einer schlanken Person, die ihren sportlichen Ehrgeiz enttäuscht sieht oder sich über einen Trainer ärgert, kann der Übergewichtige sich so gar nicht identifizieren.

Vermutlich werden sich im Gespräch also vermutlich die etwas übergewichtigen Personen und die sportlichen untereinander gut verstehen und zusammenfinden, aber beide Gruppen werden sich eher nicht vermischen.

Sie sehen also, ihre Gedankenwelt ist maßgeblich dafür verantwortlich, wie Ihre Umgebung und Ihr soziales Umfeld aussehen.

Um diesen Mechanismus zu durchbrechen, müsste die Kleidergröße 48 zunächst einen Termin bei einer Ernährungsberaterin vereinbaren oder einem Sportverein beitreten. Sie würde damit eine Entwicklung in Gang setzen, die ihr beim Abnehmen hilft und ihre Sicht auf die Welt nach und nach vollkommen verändern könnte. Gleichzeitig kommen alle Beteiligten mit Menschen in Kontakt, die alle von völlig unterschiedlichen Lebensfragen bewegt werden.

Und nur auf diese Weise ist eine Weiterentwicklung, eine Veränderung zum Positiven möglich.

Auch die Lebenseinstellung und die Interessen werden sich nach und nach verändern. Entsprechend werden auch neue Gesprächspartner ins Leben treten und damit wieder neues Verständnis für andere.

Ihre Denkweise und Ihr Lebensgefühl bestimmen auch, wie Sie von Ihrem Umfeld wahrgenommen werden – und wie Sie selbst die Welt um sich herum wahrnehmen. Das hatten wir uns bereits in dem vorangegangenen Kapitel klar gemacht. „Zeig mir Deine Freunde und ich zeige Dir Deine Zukunft". Dieses Sprichwort lässt sich hier gut verwenden. Ein 18-Jähriger, der anfängt, jede Nacht feiern zu gehen und sich mit Drogen zuzudröhnen, wird dabei einer bestimmten Art von Menschen begegnen Er wird sich ihnen nach und nach anpassen und sie werden ihn immer tiefer in die Drogenszene ziehen.

Jemand, der mitten in einem anspruchsvollen Studium steckt, wird wahrscheinlich einen Freundeskreis haben, der ähnlich ambitioniert ist. Alle von ihnen streben einen guten Hochschulabschluss an und motivieren sich gegenseitig, um das zu erreichen. Trifft sich dieser Student mehr und mehr mit diesen Kommilitonen, gehen deren Schwingungen auf ihn hinüber und beeinflussen ihn positiv. Anhand seiner Freunde lässt sich erkennen, wie er sich entwickeln wird.

Bereits in der Schule wird deutlich, dass die äußerlich attraktiveren Menschen in einer „Clique" zusammen sind und die weniger gutaussehenden Schüler bilden ihre eigenen Grüppchen. Dieses Bild findet sich häufig in Hollywood-Filmen oder Serien wieder. Auch hier gilt der Grundsatz, dass Gleiches sich gerne mit Gleichem gesellt. Menschen umgeben sich sehr oft mit Menschen ähnlicher Herkunft. Ich habe zum Beispiel noch nie einen Flüchtling in meinem Umkreis erlebt, der seine Zeit nicht mit Menschen verbringt, die ähnlicher Herkunft sind und sein Schicksal als Flüchtling teilen. Klar ist in seiner Gruppe hier und da ein Deutscher dabei, eine Bekanntschaft von Partys oder von anderen Gelegenheiten her. Aber der "Hauptfreundeskreis" besteht wahrscheinlich aus Menschen ähnlicher Herkunft und mit ganz ähnlicher Geschichte.

„Du bist, was du isst" ist ein weiterer interessanter Spruch, der mit dem Gesetz der Analogie in Zusammenhang gebracht werden kann. Ein Fitnesscoach ernährt sich ausgewogen und gesund. Er wird wohl nur selten zu McDonalds gehen und sich einen dicken, fettigen „Burger gönnen, wie man so schön sagt. Durch seine Ernährung sind sein Stoffwechsel und sein Muskelaufbau vermutlich optimal aufeinander abgestimmt und er hat einen gesunden und sportlichen Körper. Seine Lebensweise spiegelt sich in seinem Aussehen ebenso wie in seiner psychischen Verfassung wieder.

Von einer fettleibigen Person werden wir automatisch annehmen, dass sie sich nicht ausreichend mit gesunder Ernährung befasst, stattdessen überwiegend Schnitzel, Currywurst, Pommes, und dergleichen verzehrt und sich dabei viel zu wenig bewegt.

Jemand, der sich tatsächlich überwiegend ungesund ernährt, fettige, zuckerhaltige Nahrungsmittel bevorzugt und faul ist, wird zwangsläufig immer mehr zunehmen und sich auch psychisch verändern. Auch die Person, die aufgrund diverser Erkrankungen aufgehört hat, sportlich zu sein und deshalb stark zugenommen hat, wird solche psychischen Veränderungen durchlaufen.

Ich gehe einfach mal davon aus, dass Sie in Ihrem Leben bestimmt eine Zeit lang als Angestellte/r gearbeitet haben oder arbeiten. Dabei ist es egal, ob Sie im Büro, auf dem Bau oder in einer Werkstatt tätig sind oder waren. Gut. Wie würden Sie nun Ihren Chef bewerten? Ist er nett? Freundlich, höflich, ausgeglichen, launisch? Delegiert er zu viele Dinge und ist nie anwesend oder ist Ihnen selbst langweilig, weil Ihr Chef jede Kleinigkeit selbst erledigen möchte? Grüßt er morgens überhaupt? Kennt er seine Mitarbeiter? Wie sind seine Führungsqualitäten? Ist er streng und dominant oder pflegt er den gelassenen Laissez-faire Stil, bei dem die Angestellten gewissermaßen ihre eigenen Chefs sind? Vielleicht kommt er jeden Morgen mit einer Alkoholfahne zur Arbeit? Oder er schafft mit seiner schlechten Laune eine unheimlich bedrückende Arbeitsatmosphäre, die alle Mitarbeiter demoralisiert und dadurch auch deren Produktivität negativ beeinflusst.

Bei mir persönlich hing besonders in den Zeiten vor wichtigen Messen eine angespannte Atmosphäre in der Luft. Alle Chefs waren gestresst und wir als kleine, unwichtige Mitarbeiter durften gar nicht erst wissen, worum es überhaupt ging und was denn nun schon wieder nicht so ganz funktionierte. Natürlich waren wir dann etwas betrübt, weil wir nicht in das aktuelle Vorgehen mit einbezogen wurden, und konnten auch unsererseits wenig beitragen. Dadurch wurde das Verhältnis zwischen Vorgesetzten und Angestellten nicht gerade verbessert und die Lust, morgens zur Arbeit zu kommen, ging immer weiter zurück. Sie sehen also, dass meine Vorgesetzten mit ihrem ewigen Genörgel wie “Was soll ich nur tun”, “Warum funktioniert das denn alles nicht?” oder „Ich kann das doch nicht alles alleine machen!”

das Arbeitsleben für mich und meine Kollegen zunehmend erschwerten. Besonders die letzte Aussage ist im Nachhinein witzig, da es von Vorneherein klar war, dass die Chefs nichts delegieren würden, da wir als Angestellte ja ahnungslos und in ihren Augen völlig unfähig waren.

Falls Sie einmal eine Abteilung oder sogar ein Unternehmen leiten sollten, dann bitte ich Sie, niemals eine solch überhebliche, abwertende Haltung gegenüber Ihren Angestellten zu entwickeln. Beziehen Sie Ihre Kollegen in die aktuelle Lage mit ein, vertrauen Sie Ihrem Team und Sie werden sehen, dass alles viel besser laufen wird. Haben Sie Vertrauen in die Kompetenzen, das Engagement und den guten Willen Ihrer Mitarbeiter! Bestimmte Fragestellungen und Probleme tauchen auf? Telefonate diesbezüglich können dann beispielsweise von Ihren Angestellten übernommen werden und nur in Ausnahmefällen werden die Anrufer zu Ihnen weitergeleitet. Sie gewinnen so mehr Zeit, um wichtige Aufgaben zu erledigen, die Ihnen tatsächlich niemand abnehmen kann. Informationen über eine Ausstellung oder Messe kann beispielsweise jeder, der im Büro arbeitet, überprüfen und weitergeben. Falls jemand dazu nicht im Stande ist, hätten Sie diese Person gar nicht erst einstellen sollen!

Worauf ich eigentlich hinaus wollte, ist, dass die negativen Gedanken, die meine Vorgesetzten hatten, nicht nur in ihrem Kopf blieben. Im Gegenteil: Sie verteilten sich im gesamten Unternehmen wie ein Krebsgeschwür. Es wurde immer schlimmer, bis auch der letzte Mitarbeiter bemerkte, dass etwas nicht ganz richtig lief. Das Arbeitsklima verschlechterte sich und jeder einzelne Angestellte hatte dieselben negativen Gedanken wie die Chefs, obwohl sie ja nicht einmal wussten, worum es genau ging. Tag für Tag begannen immer mehr Dinge schief zu laufen.

Das, liebe Leserinnen und Leser, ist die Auswirkung des 3. hermetischen Gesetzes.

Vielleicht ist Ihnen schon mal aufgefallen, dass sich Pflanzen bei glücklichen und fröhlichen Menschen ganz anders entwickeln als bei traurig gestimmten, depressiven Menschen. Die Umgebung passt sich automatisch der inneren Haltung an.

Auch bei Haustieren kann man das sehr gut beobachten. Läuft man durch den Park und schaut sich das Verhalten von Hunden und Ihren Besitzern an, wird Ihnen das sehr deutlich. Da gibt es Hunde, die vergnügt durch die Gegend streunen, energiegeladen und kontaktfreudig. Sie können es quasi kaum erwarten, neue Spielgefährten zu finden. Sie genießen den Parkspaziergang und sprühen vor Lebensfreude, die sie auch mit ihren Menschen teilen! Es gibt jedoch auch Hunde, die sogar an die Leine genommen werden müssen, weil sie in Ihrem aggressiven Verhalten nicht zu bändigen sind. Sobald sie auf andere Hunde treffen, fangen sie laut zu toben und zu bellen an und möchten die anderen Hunde und Menschen aus ihrem Revier verscheuchen oder, noch schlimmer, angreifen und beißen. Natürlich lässt sich diese Situation nicht verallgemeinern, doch häufig bestehen da Zusammenhänge: Einstellung und Verhalten des „Herrchens“ werden durch das Verhalten seines Haustiers gespiegelt. Ist der Mensch unsicher, ängstlich, fehlt ihm jede Zuversicht, eine Situation zu meistern, wird sein Tier diese Gefühle und Probleme buchstäblich realisieren. Dies hat mit der Erziehung und dem ständigen, engen Umgang mit dem Tier zu tun. Nach einer gewissen gemeinsamen Lebenszeit haben sich Mensch und Tier einander angepasst. Das Gesetz der Analogie lässt sich an diesem Beispiel ausgezeichnet beobachten.

Auch in Beziehungen kann man diese Entwicklungen verfolgen. Oft passen sich Pärchen aneinander an. Sie teilen viele Interessen, Hobbys, ihren Musikgeschmack, ihren Kleidungsstil, ihre Einstellung zu den wichtigen Fragen des Lebens.

Menschen fühlen sich wohl, wenn sie ähnliche Eigenschaften und Interessen mit ihren Mitmenschen teilen können. Verändert sich ein Partner in einer Beziehung mit der Zeit jedoch in eine entgegengesetzte Richtung, kann dies zu einem Ungleichgewicht führen. Das Leben besteht aus Veränderung und manchmal kommt es vor, dass sich Paare voneinander zu entfernen beginnen. Das kann sich zum einem dadurch äußern, dass man sich auseinanderlebt und einfach keine Verbindung mehr spürt. Die Liebe verblasst und der Partner wird immer mehr zu einem Kumpel oder einer Freundin. Es kann jedoch auch passieren, dass sich das Umfeld ändert. Beginnt einer der Partner zum Beispiel ein Studium, wechselt den Beruf oder weckt neue, andere „Lebensgeister“ in sich.

Hierbei entsteht mit der Zeit ein Ungleichgewicht zwischen den Partnern. Möglicherweise brauen sich Konflikte zusammen und beide kommen immer weniger auf einen gemeinsamen Nenner. Das passiert, wenn sich Ansichten verändern und man keinen gleichen Ansatz mehr findet, die Beziehung zurück zu Harmonie und Glück zu führen. Es gibt nur noch zwei Möglichkeiten: Entweder finden beide Partner wieder zu einer

gemeinsamen Ebene zusammen oder die Beziehung wird zu sterben beginnen und die Personen werden sich voneinander trennen. Sie werden wieder neue Beziehungen eingehen mit Persönlichkeiten, die den Ihren entsprechen.

Das Gesetz der Analogie und seine Anwendung:

Das Gesetz der Analogie steht stark in Verbindung mit dem Gesetz der Schwingung.

Es besagt, dass Sie die Dinge ins Leben ziehen, mit denen Sie auf der gleichen Frequenz sind. Sie können beobachten, dass Ihre Außenwelt meistens dem entspricht, was in Ihren Inneren vorgeht Daher passt sich die Außenwelt auch immer den Veränderungen in Ihrem Inneren an. Darin liegt eine große Verantwortung, bietet jedoch auch enorme Chancen, das Leben zu leben, das Sie sich in Ihrem Innersten erträumen. Sie erfahren immer das im Äußeren, was sich im Inneren bei Ihnen abspielt und was Ihrer inneren Einstellung entspricht.

Schon allein der Glaube daran kann „Berge" versetzen. Machen Sie sich daher bewusst, wer Sie sind, wer Sie sein möchten und leben Sie in diesem Gefühl. Es ist ein Lernprozess, aber es ist möglich, denn das Prinzip funktioniert. Denn Sie senden Gedanken und Gefühle ebenso aus, wie Sie sie von außen empfangen. Durch unsere Achtsamkeit, unser Verhalten und unsere Gedanken erspüren wir die Verhaltensweisen der anderen Menschen. Wir reagieren unbewusst darauf, fühlen uns entsprechend angezogen oder weggeschoben. Häufig wissen wir zunächst nicht, warum wir auf eine bestimmte Weise reagieren oder von den Frequenzen anderer beeinflusst werden. Wichtig ist es, nicht einfach spontan nach unseren Gefühlen zu handeln und Negatives auszuschütten. Denn es ist möglich, dass wir durch die kollektiven Gedanken anderer manipuliert worden sind oder werden und unbewusst negativ handeln oder sprechen. Versuchen Sie daher stets, positiv zu denken. Analysieren Sie die möglichen Gründe für negatives Verhalten in Ihrem Umfeld oder eine negative Stimmung in sich selbst. (Was hat uns das Gegenüber getan? Was mag ich an dieser Person nicht? Oder liegt vielleicht sogar das Problem bei mir selbst?) Sobald wir uns schlecht gelaunt fühlen, halten wir uns am besten fern von der Umgebung, in der diese schlechte Stimmung sich aufbaut.

Ein gutes Beispiel für gegenseitige Beeinflussung ist eine Fußballmannschaft:

Alle im Team stecken sich gegenseitig in ihrer Freude bei einem Sieg oder in der Niedergeschlagenheit nach einer Niederlage an. Diese Stimmung wirkt sich sogar auf die Fans aus! Streit und andere Ereignisse nach großen Spielen gehen regelmäßig durch die Medien und beweisen diese Wechselwirkung.

Möchten Sie zum Beispiel beruflich aufsteigen, stellen Sie sich vor, wie Sie in dieser neuen Position agieren würden. Stellen Sie sich vor, welche Kleidung Sie tragen würden, wie Sie mit Ihrem Team sprechen. Malen Sie sich aus, wie Sie Ihre Mittagspause verbringen und welches Selbstbewusstsein Sie an den Tag legen.

Spielen Sie mit dem Gedanken, fühlen Sie sich als die „Hauptrolle“ Ihres Theaterstücks. Und machen Sie es mit Freude, testen Sie diese „Spielereien“ in Ihrem Umfeld und an Ihrem Arbeitsplatz aus. Auch wenn es Ihnen erst mal ein wenig peinlich ist, werden die Menschen über Ihre Veränderung verwundert sein, und das ist der ganze Spaß an diesem Test. Sie werden sehen, dass neue Menschen in Ihr Leben treten werden und Sie Unterhaltungen mit Kollegen aus Hierarchien führen werden, von denen Sie vorher im Leben nicht geträumt haben. Zudem werden

Ihnen Projekte zugeteilt oder neue Aufgaben gegeben werden, bei denen Sie Ihr Talent unter Beweis stellen können. Ihr Verantwortungsbewusstsein wird steigen und ganz unbewusst wird sich eine Stelle für Sie auftun, die Ihrem Wert und Mitwirken im

Unternehmen entspricht. Manchmal öffnen sich uns Wege, die wir uns vorher nicht vorstellen konnten. Aber wir können darauf vertrauen, dass das Gesetz der Analogie es regelt, um alles ins Gleichgewicht zu „befördern". Es ziehen sich immer die gleichen Dinge an, ob es Menschen, ein Job, ein besonderes Talent oder einfach Lebensenergien von Menschen, Tieren oder Pflanzen sind, die sich gerade auf dem gleichen Gefühls-Level befinden und daher gut harmonieren. In diesem Beispiel wird deutlich, welche Macht wir in uns haben und uns mit dem Verstehen der hermetischen Gesetze zu Nutze machen können. Sie erkennen dabei, dass nicht nur die die Verantwortung für den Verlauf unseres Lebens, sondern auch eine gewaltige Schöpfungskraft in uns liegen.

Das „Innere Sein" und das „Äußere Sein" sind untrennbar miteinander verbunden. Jedes individuelle Bewusstsein ist Teil eines kollektiven Bewusstseins und umgekehrt wird das kollektive Bewusstsein von jedem individuellen Bewusstsein gespiegelt. Wer in Harmonie mit sich selbst ist, ist auch in Harmonie mit der Außenwelt. Wie in dem Beispiel zuvor beschrieben, wird ein gestresster, nervöser Chef es niemals schaffen, mit seinem negativen Gedanken, seinem Misstrauen und seiner mangelnden Zuversicht ein positives Ergebnis für seine Firma zu erreichen. Sollten Sie einmal in der Situation des Chefs sein, wird Ihnen vielleicht mit dem Wissen über das Gesetz des Gleichgewichts bewusst, an welchen Stellen Sie ansetzen könnten. Vor allem anderen steht die

Verantwortung, die man für sich selbst zu übernehmen hat und die Erkenntnis, dass das Resultat vom eigenen Auftreten und Agierens abhängig ist. Wenn Sie in Ihren Gedanken Ihr Unternehmen als eine gut laufende, erfolgreiche und finanziell gesunde Organisation, wenn Sie hinter Ihrem Produkt oder Ihrer Dienstleistung stehen und davon überzeugt sind, werden Ihnen alle Umstände entgegenkommen. So werden Sie Ihr Ziel auch erreichen. Schenken Sie Ihren Mitarbeitern Respekt und Wertschätzung, werden diese das sofort spüren. Sie werden sich motiviert fühlen und bestrebt sein, sich mit Ihnen und für Sie einzusetzen. Die so freigesetzten positiven Energien werden wiederum auf Sie übergehen und Sie werden sich besser und zuversichtlicher fühlen. Auf diesem Weg spiegelt sich Ihre innere Überzeugung wider, und das Gesetz der Analogie wird Ihnen zum Erfolg verhelfen.

Genauso wie wir das Große im Kleinen erkennen, sehen wir auch das Kleine im Großen.

Emotionen, die Sie wahrnehmen, nimmt auch die Welt wahr und passt sich ihnen entsprechend an. Ist Ihnen schon mal aufgefallen, dass Sie an manchen Tagen ganz viele Familien, schwangere Frauen und Babys sehen und Sie das Gefühl haben, „das muss doch ein Zeichen sein“? Oder dass sich Ihr Nachbar oder Arbeitskollege gerade das Auto gekauft hat, von dem Sie schon lange geträumt haben? Ähnliches kann mit Uhren

oder Kleidungsstücken passieren. Man hat sie irgendwo gesehen, findet sie schön und denkt daran, sie sich selbst zu kaufen. Tatsächlich kauft sie irgendjemand in Ihrem Umfeld vor Ihnen. Doch dies ist bei genauer Betrachtung kein Grund zur Verwunderung, es ist schlichtweg die Antwort des Lebens auf Ihre Gedanken und Wünsche. Es wird Ihnen das präsentiert, was Sie sich wünschen, worum sich Ihre

Gedanken drehen oder

wonach Ihre Gefühle streben. Gedanken sind nicht sichtbar, aber sie beeinflussen unser Leben enorm. Das heißt als Rückschluss, dass Sie Ihre Gedanken steuern und auf das richten sollten, was Ihnen als Erfüllung erscheint. Entsprechend werden diese Gedanken sich wiederum auf Ihr Umfeld auswirken. Sicher werden Sie jetzt denken, „Aber ich wollte doch das Auto für mich selbst haben und nicht für meinen Nachbarn!" oder „Ich wünsche mir doch selbst eine Familie, warum gelingt es allen anderen und ich bin immer noch allein?" Genau diesen Ansatz müssen Sie ändern.

Er kommt aus dem Gefühl heraus, von etwas nicht genug zu haben oder von einer Sehnsucht bewegt zu werden, die nicht erfüllbar zu sein scheint. Sind Sie in diesem Gefühl, wird es immer stärker und der Mangel, das Nicht-Erfüllbare manifestiert sich mehr und mehr in Ihrem Umfeld. Sie werden dann möglicherweise allein bleiben oder niemals in dem von Ihnen begehrten Auto sitzen, da sich ihr Umfeld Ihrem Inneren anpasst.

Wenn Sie den Zusammenhang erst einmal erkannt haben, liegt es an Ihnen, die Werkzeuge zu nutzen und sich innerhalb der spirituellen Gesetze zu verwirklichen. Gönnen Sie allen Familien von ganzem Herzen ihr Glück, treten Sie mit ihnen in Kontakt, sprechen Sie mit ihnen, versuchen Sie, das Glück, das andere erleben, selbst zu fühlen. Lassen sie das Glück anderer Ihr Leben erleuchten und spüren Sie, wie schön sich all die Emotionen und all die Liebe anfühlen. Dies wird Ihnen nicht nur in der aktuellen Situation zu einer anderen Stimmung verhelfen, sondern auch Ihre Zukunft beeinflussen. Das Leben wird Ihnen noch mehr von diesen positiven Gefühlen liefern, auf Wegen, die Sie vorher nie hätte erahnen können. Auch die Freude am neuen Wagen kann geteilt werden. Fragen Sie Ihren Nachbarn freundlich, ob Sie mal bei ihm mitfahren dürfen. Genießen Sie das Gefühl, in Ihrem Traumauto zu sitzen. Plaudern Sie mit ihm, erfahren Sie mehr über den Kauf und die technischen Details und teilen Sie die Aufregung, die er dabei verspürt hat. Werden Sie Teil davon und erleben Sie diese schöne Erfahrung mit, als wären Sie selbst der Käufer. Und fühlen Sie, wie sich eine solche Realität tatsächlich anfühlt. Beschäftigen Sie sich mit dem Thema und entwickeln sie eine Passion. Das Leben wird Ihnen schon bald mehr davon präsentieren.

Es ist jedoch auch wichtig, das Gesetz der Analogie auf umgekehrte Weise zu verstehen und persönliches Potenzial daraus zu schöpfen. Das heißt, dass sich das innere Sein auch dem Äußeren anpassen kann. Wir alle wurden bereits in der Kindheit geformt und später durch unsere Schulbildung, unseren Beruf, den Ort, an dem wir aufgewachsen sind, wo wir uns aufhalten und auch durch die Menschen, mit denen wir täglich im Kontakt sind. Analysieren wir dies und schauen es uns von einer neutralen Position an, sehen wir, inwieweit wir uns in unserem Denken und Fühlen den Gegebenheiten und „Standards“ dieser Umgebung angepasst haben. Das Gesetz der Analogie hat unsere Persönlichkeit dementsprechend angeglichen. Nun lautet die Frage: fühlen Sie sich in Ihrer Umgebung wohl und sind Sie mit sich selbst im Reinen und glücklich? Sind Sie zufrieden, dass Sie genau so sind, wie Sie sind und damit, wie gut Sie in Ihrem Umfeld integriert, diesem angepasst sind? Wenn Sie diese Frage mit vollen Herzen mit „Ja“ beantworten können, freue ich mich sehr für Sie. Falls Sie jedoch andere Vorstellungen im Leben haben und Ihre „Standards“ anders setzten möchten, freut es mich ebenfalls, denn mit diesem

Wissen sind Sie schon auf dem besten Weg, die

gewünschten Veränderungen zu erreichen. Möchten Sie nicht nur das Produkt Ihrer Außenwelt sein, sondern selbst die Schöpferrolle übernehmen, können Sie das vollkommen unabhängig von den äußeren Umständen tun. Im Prozess des Schöpfens werden Sie sehen, wie bestärkend es ist, Ihre persönlichen „Standards“ zu setzen und sich gleichzeitig mit einer großen Ladung Selbstliebe zu überhäufen. Eine einfache

Methode ist es auch, die 5 Personen, mit denen Sie in Ihrem Leben die meiste Zeit verbringen, zu betrachten. Denn Ihre Persönlichkeit entspricht dem Durchschnitt dieser Menschen. Und wenn Sie sich jetzt denken, „Nein, genau so möchte ich eigentlich nicht sein“, haben Sie den ersten Schritt zur Veränderung schon geschafft. Machen Sie sich deutlich, von welchen Menschen Sie in Zukunft mehr Abstand gewinnen wollen, und welche Ihnen guttun, welche Sie auch in Ihren Träumen unterstützen. Denn diese Menschen haben einen großen Einfluss auf Ihr Leben. Sie entscheiden, wer ein Teil Ihres engen Umfeldes ist und wem Sie Ihre kostbare Lebenszeit schenken möchten.

Treffen Sie die Entscheidung, sich von gewissen Personen zu lösen und machen Sie Platz für diejenigen, die im Gleichgewicht mit Ihrem inneren „Ich“ sind. Nach ein paar Schritten der „inneren Veränderung“ werden Sie schon bemerken, dass sich so manche Menschen ganz von alleine von Ihnen distanzieren, während andere auf natürliche Weise in Ihr Leben gezogen werden. Wenn Sie sich jedoch bewusst machen, welche Art von Freunden und Bekannten einen gerechtfertigten Platz in Ihrem Leben hat, wird es dem Gesetz der Gleichheit leichter fallen, Ihnen diese auch zu schicken. Lösen Sie sich von Ketten der Gewohnheit, von selbst geschaffenen Gefängnissen oder von Personen, die ihnen nicht guttun, weil sie Sie nicht auf dem Weg zu Lebensfreude und Erfüllung unterstützen.

Wohlgemerkt, Sie sollen nicht rücksichtslos Beziehungen oder Freundschaften zerstören, weil Freundschaften Ihnen Vorteile, materieller Art, im Job oder in Bezug auf gesellschaftliches Ansehen verschaffen. Sie sollten vielmehr Achtsamkeit dafür entwickeln, wer Sie akzeptiert, an Sie glaubt und wer Ihre besten Eigenschaften ans Tageslicht bringt.

Geben Sie sich ausreichend Zeit und seien Sie geduldig. Die Zeit lässt Ihre Wünsche und Ziele reifen und schickt Ihnen die Personen in Ihr Leben, die Ihr Bestes wollen.

Das 4. hermetische Gesetz: Polarität

Das Gesetz der Polarität beschreibt, dass nichts ohne einen Gegensatz existieren kann. Im Wort Polarität steckt auch das Wort „Pol". Denken Sie an den Nord- und den Südpol. Ein Magnet hat einen Plus- und einen Minuspol. Schneidet man einen Magneten auseinander, wird die abgeschnittene Seite nun zwangsläufig selbst zum fehlenden Pol. Es sind einfach nur zwei kleinere Magnete entstanden. Das Gesetz der Polarität deckt die scheinbaren Gegensätze auf und zeigt, dass diese im Endeffekt ein und dasselbe sind.

Um das Ganze zu verdeutlichen, sehen wir uns eine Reihe von scheinbaren Gegensätzen an: Groß und Klein, schwarz und weiß, scharf und unscharf, lecker und eklig, laut und leise, warm und kalt. Die Liste ließe sich bis ins Unendliche fortsetzen. Doch untersuchen wir die hier genannten Beispiele erst einmal genauer.

Wer definiert denn, ob etwas groß oder klein ist? Wer sagt, dass alle Menschen die Farbe Schwarz genau gleichsehen? Wer hat bestimmt, dass dieses Bild scharf ist, wenn ein Brillenträger ohne Brille auf dem Bild nichts erkennen kann? Wer hat behauptet, dass ein Gericht lecker schmeckt, wenn es jemand probiert, der mit dieser Mahlzeit einfach überhaupt nichts anfangen? Und wie ist es möglich, zu sagen, dass ein Flugzeugstart unglaublich laut ist, wenn ein gehörloser Mann danebenstehen und gar nichts davon hören kann? Wer hat einen wissenschaftlichen Beleg dafür, dass 20° Celsius warm oder kalt oder vielleicht sogar genau die optimale Temperatur sind? Diese Bewertung ist doch von der jeweiligen

Wahrnehmung und Situation abhängig.

Nehmen wir zwei Menschen, eine Frau und einen Mann gleicher Herkunft, aus dem gleichen Land, dem gleichen Kontinent. Senken wir nun die Raumtemperatur auf 15° Celsius: Die Frau wird früher zu frieren anfangen als der Mann. Das liegt hauptsächlich an der Muskelmasse, denn Männer haben in der Regel mehr Muskeln als Frauen. Trotzdem sind es im Grunde ja zwei Menschen „gleicher Art", sie frieren jedoch unterschiedlich schnell. Ein Mann mit weniger Muskeln wiederum wird ebenfalls schneller frieren als der Mann aus dem ersten Beispiel. Empfindungen und Gefühle sind nicht bei jedem Menschen gleich, sondern sind in allen Bereichen von individuellen Bedingungen und dem Befinden abhängig.

Vielleicht fällt es Ihnen bereits selbst auf, dass alle genannten „Gegensätze" eigentlich nicht mehr so gegensätzlich sind, wie sie anfangs schienen. Es gibt keine Skala, die bestimmt, ab wann ein Mensch groß ist und auch keine, die festlegt, ab wie vielen Dezibel ein Geräusch nun laut ist und ab wann leise. Der Übergang dieser Dinge ist verschwommen und kann nicht genau bestimmt werden. Jeder Mensch muss für sich selbst entscheiden, wie er die Welt tatsächlich wahrnimmt. Alles existiert nur, weil ein Gegensatz dazu existiert. Kommen wir noch einmal zum Magneten aus dem ersten Absatz zu sprechen. Er besteht aus seinen beiden Polen, also zwei Gegensätzen. Er kann aber nicht existieren, wenn nur einer der beiden Polen vorhanden ist. Das ist einfach nicht möglich, da entweder gar kein Pol oder beide da sein müssen.

Das Wesentlich, was uns das Gesetz der Polarität beibringen kann, ist also, alles relativ zu sehen und eine eigene Meinung und Sichtweise zu den Dingen zu bilden, sie Sichtweise gegebenenfalls zu ändern und so Einfluss auf unser Leben zu nehmen. „Augen zu und durch" ist eine Redewendung, die häufig benutzt wird, um eine unangenehme Situation zu meistern. Ein Essen oder eine Arznei schmecken nicht gut, Sie entscheiden aber, dass sie sie trotzdem nicht ablehnen dürfen. Das Essen hat jemand gekocht, der furchtbar verletzt wäre, wenn Sie es verschmähen. Die Medizin müssen Sie nehmen, um gesund zu werden. Schließen Sie die Augen und stellen sich vor, einen frischen Erdbeerkuchen oder eine andere Köstlichkeit vor sich zu haben. Schon ist die Situation nur noch halb so schlimm.

„Du kannst es schaffen, wenn du an dich glaubst" ist ein ähnliches Sprichwort. Glauben Sie an Ihre eigenen Fähigkeiten und halten Sie an Ihrem Ziel fest, so werden Sie es vermutlich auch erreichen. Und das nur durch die eigene, reine Vorstellungskraft.

In allen Superheldenfilmen gibt es die „Helden" und einen oder mehrere „Bösewichte", die gegeneinander kämpfen: Der klassische Plot der meisten Hollywoodfilme. Am Ende gewinnen eigentlich immer die „Guten". Aber wer sind denn nun die „Guten"? Denkt sich der vermeintliche Bösewicht etwa: „Ich bin böse!"? Nein, natürlich nicht. Aus seinem Blickwinkel ist der Schurke nur jemand, der für seine Sache kämpft und sie auch durchsetzen möchte. Meist versucht er dann, die in seinen Augen „bösen" Superhelden zu beseitigen. Der Zuschauer ist selbstverständlich auf der Seite der Helden, denn die wollen natürlich die Machenschaften der „Bösen“ verhindern und die Welt retten. Lassen Sie sämtliche Ideen von Gut und Böse oder von Moralvorstellungen beiseite – schon gibt es im Verhalten beider Parteien nicht wirklich einen Gegensatz.

Wenden wir uns für einen kurzen Moment den Schulnoten zu. Da werden an der höheren Schule

„sehr gut“, „gut“, „befriedigend“ und so weiter unterschieden. Wenn ein Schüler in Mathematik beispielsweise das ganze Schuljahr über eine Fünf („Mangelhaft“) nach der anderen schreibt, dann ist für ihn eine Drei wohl nicht nur „befriedigend“, sondern eine hervorragende Leistung, gut oder sogar sehr gut zu nennen, weil auch einen gewaltigen Durchbruch kennzeichnet. Auf der anderen Seite ist ein Einser-Schüler mit einer Zwei eher unzufrieden und sieht diese höchstens als „befriedigend“ an.

Stellen Sie sich vor, Sie würden über eine Dating-App oder eine Internetplattform einen Menschen kennenlernen, der Ihnen unglaublich sympathisch ist. Nach ewigem Hin- und Herschreiben beschließen Sie, dass Sie sich nun endlich einmal im echten Leben mit der Person treffen möchten. Leider leben Sie beide recht weit voneinander entfernt, weshalb ein Treffen in der Mitte der Strecke Ihnen als sinnvoll erscheint. Als der Tag endlich gekommen ist, fahren Sie aufgeregt los. Während Sie also gemütlich auf der Autobahn vor sich hinfahren, entdecken Sie plötzlich das rote „Stau”-Symbol auf einem Autobahnschild.

„Das hat mir grade noch gefehlt!”, denken Sie sich gereizt. Sie stehen stundenlang an der gleichen Stelle und kommen einfach nicht aus diesem Stau heraus. Da es schon recht spät ist, beschließen Sie also bei der nächsten Gelegenheit umzukehren. Verständlich, dass Sie wütend sind. Sie können ja selbst nichts dafür, es waren der blöde Stau und all die anderen Menschen, die schuld waren. Warum müssen die auch um diese Uhrzeit alle in die gleiche Richtung wie Sie fahren? Sie machen an einer Raststelle eine Pause und essen eine Kleinigkeit. Und dann kommt aus dem Nichts eine Person auf Sie zu, die Ihr Leben verändern wird. Sie treffen einen Menschen, DEN Typ Mensch, den Sie sich schon immer als Partner gewünscht haben, obwohl Sie doch den anderen, vermeintlich so tollen Partner über das Internet gefunden und das Date mit ihm gerade zwangsläufig abgesagt haben. Die Person erzählt Ihnen, dass sie Sie schon die ganze Zeit über beobachtet hat und dass sie es gewagt hat, den ersten Schritt zu machen und auf sie zuzugehen. Und das war auch die richtige Entscheidung, denn wie sich herausstellen sollte, werden Sie den Rest Ihres Lebens mit diesem Menschen verbringen. Was lehrt uns dieses Beispiel? „Richtig" oder „falsch", gut oder schlecht, Erfolg oder Misserfolg definieren sich oft aus der Situation heraus.

Sie entscheiden – das ist Ihre Freiheit. Unsere Fähigkeit, frei zu entscheiden, erwächst aus dem Wissen, dass wir die Dinge mit unseren Gedanken beeinflussen können. Je nachdem, welche Gefühle Sie zu einer Sache entwickeln: Hass oder Liebe, hell oder dunkel, warm oder kalt oder jede beliebige Abstufung aus diesen Kategorien und Extremen. Praktisch gesehen sind diese Gegensätze alle eins und erst Gegensätze ermöglichen Vollkommenheit. Und da jeder Mensch die Welt mit anderen Augen sieht, ist jede Bewertung ein Produkt des individuellen Bewusstseins.

Das Wissen über dieses Prinzip führt dazu, dass Menschen weniger kategorisch urteilen, sondern mehr reflektieren und die Dinge und Mitmenschen akzeptieren wie sie sind. Ob der Tag Ihnen am Ende als ein gelungener Tag in Erinnerung bleibt, ist das Ergebnis Ihrer ganz persönlichen Bewertung der Situation.

"Schlechte Zeiten" gäbe es nicht, wenn wir keine Vorstellung davon hätten, wie das Glück und das Wohlbefinden sich anfühlen. Zu wissen, dass Situationen sich verändern können, macht es uns leichter, schwere Zeiten und Krisen zu akzeptieren. Was

Ihnen in einem Augenblick schlecht erscheint, ergibt in der Zukunft einen Sinn und wirkt sich positiv aus. Schlimme oder negative Ereignisse dienen, im Nachhinein betrachtet, oft dazu, ein bestimmtes Ziel schneller zu erreichen. Suchen Sie beispielsweise unter allen Umständen eine gute Arbeitsstelle, finden sie aber nicht, sind Sie möglicherweise äußert frustriert. Das liegt auch daran, dass Sie sich das Leben mit dem guten Job schon auf eine bestimmte Weise erträumt und sich stark darauf eingestellt haben Doch ein Rückschlag, etwa eine Ablehnung nach einem Vorstellungsgespräch, könnte sich in der Zukunft sogar als ein Segen erweisen, wenn nämlich irgendwo eine noch viel passendere Stelle auf uns wartet, die Sie im richtigen Moment bekommen.

Vergegenwärtigen Sie sich diese Möglichkeit und lehnen Sie sich, im übertragenen Sinne, entspannt zurück. Halten Sie sich vor Augen, dass es zu jedem unerfreulichen Ereignis (Sie haben den Wunsch-Job nicht bekommen) auch einen Gegensatz gibt. Und in vielen Situationen sind wir gar nicht sofort in der Lage, zu beurteilen, ob ein Resultat nun gut oder schlecht ist, da wir nicht wissen, was in der Zukunft geschehen wird und wofür es gut ist, dass die Dinge gerade so gelaufen sind. Das gleiche gilt auch für die Partnerwahl.

Heftige Verliebtheit in eine bestimmte Person ist eine sehr intensive Erfahrung, die alles andere völlig verdrängen kann. Doch wenn diese Liebe nicht auf Gegenseitigkeit beruht, kann das anfängliche Glücksgefühl des Verliebtseins schnell zu einer schmerzhaften Erfahrung werden: Die Betroffenen fühlen sich abgewiesen und die erträumte gemeinsame Zeit auf Wolke Sieben bleibt ein unerfüllter Traum In dieser Situation ist es wichtig, nicht in einen Abgrund der Traurigkeit zu stürzen. Sie wissen jetzt, dass Ihre Vorstellung über diese Person nur eine subjektive Beurteilung ist und sich auch Ihre Gefühlslage an dieser Beurteilung ausrichtet. Vielleicht begreifen Sie zum aktuellen Zeitpunkt noch gar nicht, was alles dahinterstecken mag und welche Eigenschaften die Person hinter ihrer Fassade verstecken könnte. Sie verstehen vielleicht noch nicht, dass Ihre Beurteilung und Ihre Sicht der Wirklichkeit Ihnen etwas vorgaukelt, das gar nicht stimmt. Selbst ein auf den ersten Blick ungeheuer interessanter, attraktiver und liebenswerter Mensch muss nicht unbedingt zu Ihnen passen. Im Zusammenleben würden Sie unglücklich, an Langeweile sterben oder viele Verhaltensweisen nicht verstehen. Vielleicht laufen Sie einem Partner über den Weg, den Sie niemals getroffen hätten, wenn Sie zuvor schon die gewünschte Beziehung eingegangen wären? Einem Partner, der in jeder Hinsicht sehr viel besser zu Ihnen passt und vor allem, Ihre Gefühle in gleichem Maß erwidert hätte

Oft neigen wir dazu, schnell aus unseren gelernten Denkmustern heraus zu entscheiden, ohne den nötigen Abstand und Weitblick. Das ist nur zu begreiflich, da wir die Dinge nur so weit verstehen können, wie wir es gelernt haben oder wie es uns unsere bisherigen Erfahrungen im Leben zu erfassen ermöglichen. Danach richten sich auch unsere Emotionen aus. Rückschlüsse und Entscheidungen erfolgen immer aufgrund von solchen Erfahrungen: Wenn ich dies oder das tue, ist jenes die logische Folge.

Um aus solchen Denkmustern auszubrechen und ihnen nicht mehr "ausgeliefert zu sein", lässt sich die Geisteskraft einsetzen. Jede Situation ist anders und jede Herausforderung verspricht wieder neue Erkenntnisse und Erfahrungen. Und je klarer wir erkennen, dass bestimmte Dinge, die uns widerfahren, auf geistige Gesetzmäßigkeiten zurückzuführen sind, desto besser können wir im Einklang mit unseren Gefühlen leben, statt uns als Opfer unseres Schicksals zu fühlen.

Das Gesetz der Polarität lässt sich am Beispiel der Gefühlszustände besonders gut erklären: Einsamkeit, Zweisamkeit, Beisammensein. Das Gefühl der Einsamkeit kann, wie wir mittlerweile wissen, gar nicht ohne die Gefühle der Zweisamkeit oder des Beisammenseins mit anderen existieren. Ist man im Gefühl des „Alleinseins“ versunken, bedarf es zu erkennen und zu wissen, dass es auch andere Zeiten gibt, in denen dieses Gefühl trotz völlig anderer Umstände in anderen Facetten widergespiegelt wird.

Einsamkeit hat nichts damit zu tun, ob Sie allein sind oder unter Menschen. Sie könnten sich in einer Großstadt mit vielen Menschen neben sich ebenso wie in einer Partnerschaft einsam fühlen. Es ist ein Gefühl, das vor allem aus einem Mangel, aus unerfüllten Bedürfnissen und offenen Fragen heraus entsteht. Oft steht ein Einsamkeitsgefühl auch in direktem Zusammenhang mit fehlender Selbstliebe oder Wertschätzung der eigenen Persönlichkeit. Einsamkeit ist eine subjektive Wahrnehmung, die aus einer bestimmten Situation heraus entsteht und entsprechende negative Emotionen erzeugt. Umgekehrt können sich auch Menschen, die allein sind, stark und selbstbewusst fühlen. Zum Beispiel dann, wenn Sie etwa alleine und aus eigener Kraft ein Ziel erreicht haben. Oder wenn sie gerade voll konzentriert einer Tätigkeit nachgehen, die Sie sehr gut und sehr gern tun. Wenn sie Tag für Tag aus einem Gefühl von Unabhängigkeit und Verantwortungsbewusstsein für das eigene Leben heraus agieren. Das alles kann sehr belohnend sein und die emotionale Gefühlslage in eine vollkommen andere Richtung lenken. An diesem simplen Beispiel wird deutlich, wie alle Gefühlslagen "verfügbar" sind und es nur an unserem individuellen Bewusstsein liegt, für welche Stimmung wir uns entscheiden. Schon allein zu wissen, dass wir diese Freiheit besitzen, öffnet viele Türen und inspiriert uns, neue Wege zu beschreiten

Weiterhin ist es ein großartiges Gefühl, alle Lebenslagen mit ihren Hochs und Tiefs genießen zu können. Das Leben ist vielfältig und ermöglicht uns, alle Gefühle wertzuschätzen und intensiv zu leben. Das haben wir dem Gesetz der Polarität zu verdanken. Denn ohne die Kälte erlebt zu haben, würden wir nicht wissen, wie gut sich Wärme anfühlt. Wir könnten den Sonnenschein nicht schätzen, wenn wir nicht auch regnerische Tage hätten. Ohne Leid könnten wir keine Freude erleben. Trauer und Schwäche dürfen wir zulassen und durchleben, um auch wieder die freudigen, starken Gefühle höher schätzen zu können. Und dabei gilt es auch, die Zwischenräume der extremen Aspekte zu betrachten – die Welt ist nicht nur schwarz und weiß, sondern bunt und all Ihre Facetten strahlen in ihren ganz besonderen Farben.

Besonders deutlich kann man die Polarität am Gegensatz von Hass und Liebe sehen. Ich denke, jeder von uns hat bestimmte Vorlieben und Abneigungen zu bestimmten Menschen, da wir auch selbst eine bunte Mischung an unterschiedlichen Eigenschaften sind. Und das ist gut so. Menschen sind sehr unterschiedliche Individuen, bergen aber auch in sich selbst eine ganze Reihe von Gegensätzen.

Um nochmal zu verdeutlichen, wie nahe manche dieser Gegensätze beieinander liegen, sehen wir uns folgendes Beispiel an: Haben Sie einen Menschen in Ihrem Umfeld, den Sie absolut nicht ausstehen können? Bei dem sich Ihnen schon die Nackenhaare aufstellen, wenn er oder sie auch nur in Ihrer Nähe ist? Fast jeder von uns war schon mal in dieser Situation und mancher schmiedet sogar täglich Pläne, um einer bestimmten Person nicht über den Weg laufen zu müssen. Ist es unvermeidlich, weil dieser „Feind" möglicherweise ein naher Nachbar oder gar Arbeitskollege ist, führt das unweigerlich zu Konflikten. Sie denken mit der Zeit immer mehr an diese Abneigung und merken womöglich gar nicht, welchen Raum diese betreffende Person dadurch mittlerweile in den eigenen Gedanken einnimmt. Es wird immer schlimmer und irgendwann dreht sich ihr ganzes Leben nur noch um die unliebsame Person. Sie können gedanklich einfach keinen Frieden mit der schieren Existenz dieses Menschen schließen.

Diese Situation gilt es zu analysieren: Wie kann eine Person, die Sie ablehnen, so viel Aufmerksamkeit von Ihnen bekommen? Warum nimmt er oder sie so viel Raum in Ihrem Leben ein, dass er Sie sogar in völliger Abwesenheit zur Weißglut ärgern kann? Ganz einfach: Sie haben angefangen, ihn oder sie zu lieben. Genauer gesagt, haben Sie gelernt, „es zu lieben, ihn oder sie zu hassen". Dies ist ein Widerspruch in sich selbst und erkennt man ihn, bedarf es der Entscheidung: Wollen Sie diesen Hass vielleicht doch nicht lieben? Daher sagen Sie dazu „STOP!" und gewähren dieser Person eine angemessene Akzeptanz und Toleranz. Oder zumindest eine gesunde Distanz zu Ihnen und Ihrem Leben. Nur so wird es Ihnen gelingen, diesem „Gegner" nicht mehr das gleiche Maß an Aufmerksamkeit zu schenken wie bisher. An dem Beispiel wird ziemlich deutlich, in welche Achterbahnen uns unsere Gefühle versetzen können.

Daher ein Rat für manche extreme Gefühlslagen:

Folgen Sie der Devise „Abwarten und Tee trinken“ und versuchen Sie, "gechillt" und mit einer vertrauensvollen Perspektive auf so eine Situation zu blicken. Denn nicht alles ist so, wie es auf den ersten Blick aussieht, oder so, wie es uns unsere ersten Eindrücke, Gefühle und Gedanken vorgaukeln.

Häufig ist die Ausgangssituation entscheidend: Sind wir wütend, in Rage, sind wir nicht in der Lage, die Liebe oder die freundlichen Gesten, die Freundschaft anderer Menschen wahrzunehmen, da wir uns in diesem Zustand auf einer völlig anderen Gefühlsebene befinden. Doch wenn wir uns nach einer Weile wieder beruhigen und beginnen, uns in das Gegenüber hineinzuversetzen, nehmen wir dessen Bemühungen wieder wahr. Wir sind dann vielleicht sogar in der Lage, dessen Beweggründe und Verhalten ganz anders als bisher zu bewerten. Das wiederum wird völlig andere, viel positivere Gefühle in uns selbst freisetzen.

Praxistipps: Das Gesetz der Polarität

Es geht in diesem 4. Gesetz der Polarität um die Erkenntnis, dass alles, was wir wahrnehmen, fühlen, sehen, denken und tun, relativ ist. Alles ist subjektiv zu sehen und kann niemals für alle Menschen in gleicher Weise gültig sein. Stellen Sie sich vor, Sie bestellen in einem indischen Restaurant ein Curry mit der Anmerkung „extra scharf". Beim Essen des Gerichts wird es Ihnen als Europäer wahrscheinlich aus den Ohren rauchen und Ihre Augen werden tränen. Isst allerdings ein Inder dasselbe extra scharfe Curry, dann wird er am Ende sagen: „Das war genau die richtige Schärfe" oder „Das hat leider ja nach gar nichts geschmeckt". Allerdings besteht auch die Möglichkeit, sich anzupassen. Halten Sie sich über längere Zeit in einem Land auf, in dem intensiv und scharf gewürzte Speisen an der Tagesordnung sind, werden Sie anschließend ganz anders empfinden und womöglich die übliche Küche Mitteleuropas sogar als „fad" empfinden. Ihre frühere empfindliche Reaktion auf „extra scharf" werden Sie am Ende selbst gar nicht mehr begreifen können

Sie haben bestimmt einmal selbst erlebt, dass Sie unmittelbar nach einer schwierigen Entscheidung stark daran gezweifelt haben, ob es denn die richtige Entscheidung war und sich gewünscht, dass Sie vielleicht doch den anderen Weg gewählt hätten. Sie fühlen sich schlecht und machen sich Vorwürfe. Im Nachhinein und mit etwas zeitlichem Abstand blicken Sie dann aber zurück und erkennen, dass es gar nicht hätte besser sein können und Sie sind froh, dass Sie diesen Weg gegangen sind. Damit ist der Gegensatz zwischen „falsch" und „richtig" gar nicht mehr vorhanden, Ihr anfängliches Gefühl des Zweifels wird sich buchstäblich in Luft auflösen.

Wenn Sie um das Gesetz der Polarität wissen, hilft Ihnen das, ein glücklicheres Leben zu führen. Fangen Sie ganz einfach damit an, die subjektiven Meinungen von Mitmenschen zu akzeptieren und nicht groß zu hinterfragen oder zu kritisieren.

Oder besser gesagt: Nehmen Sie die Ansichten und Handlungsweisen anderer ganz einfach hin und verzichten Sie darauf, Absichten hinter jeder Meinungsäußerung zu vermuten. Hätten alle Menschen in jedem einzelnen Themenbereich die gleiche Meinung, wäre die Welt langweilig und einförmig. Nutzen Sie verschiedene Meinungen und Standpunkte, um Gespräche und Diskussionen zu führen, aber streiten Sie nicht, sondern hören Sie aufmerksam zu, wie Ihr Gesprächspartner die Dinge sieht. Bewerten Sie also Polaritäten und Gegensätze nicht zu stark und urteilen Sie nicht zu schnell und zu kategorisch. Sie werden sehen, dass es Ihnen nach kurzer Zeit viel besser gehen wird. Sie werden lernen, selbst mit Kritik besser umzugehen, da Sie wissen, dass eine kritische Anmerkung letztlich auch nur eine Meinung von vielen ist. Sind Sie sich in einer Sache, die Sie gut gemacht haben, sicher, dann können Sie auf diese Weise getrost negative Kritik hinnehmen und müssen nicht weiter darüber nachdenken, denn es ist ja nur die Meinung anderer akzeptieren, Ihre Welt wird deswegen nicht untergehen.

Erhalten Sie allerdings ausschließlich negative Resonanzen, dann sollten Sie vielleicht doch einmal über Ihr Verhalten und Tun nachdenken und dieses hinterfragen. Aber zweifeln Sie nicht zu stark an sich selbst.

Wenn wir also die Polaritäten im Leben wahrnehmen, aber als Ganzes sehen und sie stattdessen beobachten und selbst interpretieren, dann können wir auf diese Weise unser Bewusstsein entfalten und stärken.

Es ist an der Zeit, alle Gefühlslagen anzuerkennen und sich bewusst zu machen, dass es zu jedem Gefühl auch das Gegenstück gibt. Wenn Sie sich beispielsweise gerade sehr schlecht fühlen, ist es ein guter Rat, sich mit dem Thema Dankbarkeit zu beschäftigen. Schreiben Sie auf, wofür Sie dankbar sein können. Gleich, ob es um die eigene Gesundheit, liebe Menschen in Ihrer Umgebung, ein leckeres Frühstück oder einfach ein paar Momente Sonnenschein am Tag sind. Seien Sie dankbar und machen Sie sich Gründe dafür bewusst, werden Sie kein Gefühl des Mangels oder des Unglücklichseins mehr empfinden. In schwierigen Zeiten hilft es mir, täglich jeden Morgen eine Art Dankesbrief zu schreiben. So starte ich mit positiver Energie in den Tag und sehe die Dinge, die auf mich zukommen, mit ganz anderen Augen.

Stellen Sie sich genau wie in den vorigen Kapiteln immer zuerst die Frage: Was brauche ich wirklich, um glücklich zu sein? Welche dieser Wünsche richten sich auf eigentlich überflüssige Dinge? Zuweilen hilft es, auf einiges zu verzichten und sich weniger auf den Besitz bestimmter Dinge zu versteifen, um bereits aufzuatmen und glücklicher zu sein.

Hier sind ein paar Alltags-Tipps, die Ihnen helfen können:

Versuchen Sie, sich darauf einzustellen, ohne das glücklich zu sein, was Ihnen aus Ihrer Sicht gerade zu fehlen scheint, seien es materielle Güter, ein bestimmter Job oder die Erwartung, dass Menschen sich auf eine ganz bestimmte Weise Ihnen gegenüber verhalten. Versuchen Sie, sich auf Ihre eigenen Taten zu konzentrieren, bevor Sie sich über die Taten anderer beklagen. Denn die anderen Menschen können Sie nicht ändern, sich selbst und Ihre eigene Gemütsverfassung jedoch sehr wohl.

Hier sind ein paar Beispiele dafür:

- Sie haben sich mit einem Kollegen verabredet, doch dieser sagt jedes Mal ab, genau vor dem vereinbarten Termin. Anstatt sich zu beklagen, nutzen Sie die frei gewordene Zeit für sich selbst. Gehen Sie in ein Café und lesen Sie ein spannendes Buch, anstatt wütend zu sein. Beim nächsten Mal vereinbaren Sie mit dieser Person nur Zeiten, in denen Sie sich sowieso nur entspannen wollten und halten Sie ein Alternativprogramm bereit: Einen Besuch in einer Gemäldeausstellung, ein Telefonat, einen Abstecher in Ihr Lieblingscafé. So verschaffen Sie sich und Ihrem Umfeld ein besseres Gefühl und sind obendrein unabhängig. Vergeuden Sie weder Zeit noch Energie damit, sich über andere aufzuregen. Es kann immer vorkommen, dass Sie versetzt werden – gleich ob missliche Umstände, Unzuverlässigkeit oder ein Missverständnis die Ursache sind – Sie haben letztlich keinen Einfluss darauf. Ihre eigene Reaktion auf so ein Ereignis und Ihre Entscheidungen können Sie jedoch sehr wohl ändern.

- Ein zweites Beispiel wäre, dass Sie sich über Ihre Firma und die Arbeitsbedingungen dort ärgern. Doch weder der still in Ihnen schwelende Ärger noch ausgiebiges Lästern mit den Mitarbeitern samt der so heraufbeschworenen Empörung und miesen Stimmung werden letztlich etwas an den ungünstigen Verhältnissen ändern. Versuchen Sie, Lösungen zu finden, die zu Ihnen passen, anstatt an all dem hängen zu bleiben, das nicht so gut läuft. Wenn etwas schlecht erscheint, muss es nach der Regel der Polarität auch jeweils eine gute Seite geben. Es gilt nur, sie zu finden. Handeln Sie also lösungsorientiert, anstatt zu klagen, sich zu beschweren oder still zu grämen.

Das Bewusstsein über das Gesetz der Polarität lässt uns in vielen Fällen eine neutralere Position einnehmen. Wir wissen, dass es Zeiten im Leben gibt, die zu extremen Gefühlsregungen in beiden Richtungen führen, doch diese dürfen uns nicht permanent im Griff haben.

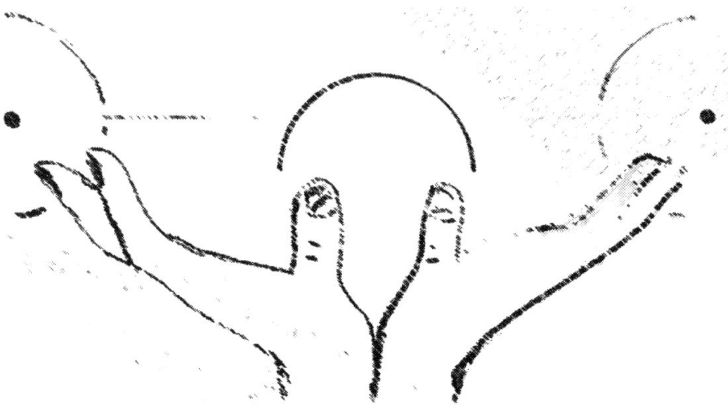

Schätzen und genießen Sie die guten Zeiten. Bewältigen Sie schwierige Phasen in dem Wissen, dass diese vorübergehen werden, und versuchen Sie zugleich, beide Polaritäten zu erspüren. Diese Erkenntnis hat auch viel mit Vertrauen zu tun. Vertrauen in sich selbst, in das eigene Umfeld und Ihre Mitmenschen. Vertrauen in die stets gültigen hermetischen Gesetze und in die Tatsache, dass nichts ohne tieferen Sinn geschieht.

Es nützt nichts, sich lange über Schlechtes zu ärgern, denn Sie können nicht einschätzen, ob eine "schlechte" Situation nicht etwas hervorbringt, das Sie auf dem Weg zu Ihren Lebenszielen weiterbringt. Wertungen und Urteile lenken Sie nur von der wahren Bedeutung einer Situation ab. Es kann dann sogar dazu kommen, dass Chancen, die aus der Situation erwachsen, überhaupt nicht wahrgenommen oder genutzt werden. Machen Sie sich die Polaritäten im Leben stets bewusst und sehen sie als Teil des Ganzen. Werten und urteilen Sie weniger, beobachten und analysieren Sie dafür mehr!

Das 5. hermetische Gesetz: Rhythmus

Das Gesetz des Rhythmus wird auch das Gesetz des Kreislaufs genannt. Es hängt unmittelbar mit dem vorher beschriebenen Gesetz der Polarität zusammen. Am besten lässt es sich durch Beispiele erklären:

Jedes Lebewesen durchläuft die Geburt und den Tod. Diese beiden Gegensätze wiederholen sich in einem immerwährenden Kreislauf. Der extremste Fall wäre wohl das Universum selbst: es entstand aus dem Urknall und wird in ferner Zukunft durch einen der vielen verschiedenen „Tode des Universums" enden.

Mit seiner Entstehung entwickelte sich eine Welt, die im Laufe der Zeit wieder zerstört werden wird. Ähnliche Abläufe spielten sich in der Geschichte der Menschheit ab: Die Griechen waren ein sehr mächtiges Kulturvolk, das unsere Zivilisation noch heute entscheidend beeinflusst. Heute allerdings ist Griechenland ein armes, hoch verschuldetes Land und findet kaum noch Beachtung. Die antike Hochkultur der Griechen entstand offenbar so plötzlich, wie sie wieder verschwand. Auch andere Hochkulturen durchliefen dieses Schicksal: Sie entfalteten sich, durchliefen eine Blütezeit und gingen auf die eine oder andere Weise unter oder wurden zerstört.

Denken wir an die 365 Tage des Jahres: Alles wiederholt sich in regelmäßigen Abständen. Geburtstage, Weihnachten, Silvester, Ostern, Ramadan und wie die verschiedenen Feste im Jahreslauf alle heißen. Jährlich lösen Frühling, Sommer, Herbst und Winter einander ab. An einem Tag am Meer wechseln Ebbe und Flut in einem eigenen Rhythmus.

Morgens stehen Sie aus dem Bett auf und legen sich am Abend wieder hinein. Sie essen eine leckere Mahlzeit und später.... Sie wissen schon.

Wie so oft in der Hermetik sind viele Beispiele recht konkret und beziehen sich ausschließlich auf materielle Dinge. Vergessen Sie dabei nicht: Es geht vor allem um geistige Prozesse und Abläufe. "Hochmut kommt vor dem Fall" heißt es so schön. Wenn wir uns gerade in einem mentalen Hoch befinden, ist der Fall in die Tiefe nicht weit.

Ähnlich ist es bei der Konjunkturkurve in der Wirtschaft oder den Aktienkursen: Nach einem Boom kommt auch eine Rezession.

Dinge können nicht bis ins Unendliche wachsen, sie fallen in der Zwischenzeit IMMER, zumindest ein wenig. Mathematische Experimente außen vor gelassen versteht sich. Ich gehe davon aus, dass Sie sich mindestens einmal in Ihrem Leben verliebt haben. So richtig verknallt. Alles an diesem Menschen erschien Ihnen perfekt: Die krumme Nase, die gelben Zähne, der Schweißgeruch oder die ab und zu ungewaschenen Haare. Das alles ist Ihnen gar nicht aufgefallen. Das lag daran, dass Sie die Welt plötzlich durch die „rosarote Brille" gesehen haben und alles perfekt zu sein schien. Doch irgendwann lässt dieser Blick durch die rosarote Brille nach und Sie erkennen, dass die krumme Nase gar nicht so perfekt ist und Sie es doch hygienischer fänden, wenn sich Ihr Partner öfter die Haare waschen würde. Vielleicht kommt es daraufhin zu Streitereien und am Ende werden aus der Liebe Hass, Wut oder Trauer. Vielleicht versöhnen Sie sich zunächst wieder, aber irgendwann kommt der nächste Streit. Erneute Aussprachen folgen, Versöhnung und wieder aufwallende Gefühle lösen einander ab, bis eine weitere Auseinandersetzung folgt. D Das klingt jetzt sehr oberflächlich, ich weiß. Natürlich gibt es in einer Partnerschaft weit mehr als nur die äußerlichen Mängel eines Menschen. Ersetzen Sie diese einfach durch bestimmte Verhaltensweisen oder Denkmuster, die womöglich einfach nicht harmonieren.

„Schmerz ist vergänglich, was bleibt, ist der Stolz." So lautet ein Zitat des deutschen Rappers Kollegah. Verstehen Sie es so: Sie haben für einige Zeit viel Mühe auf sich genommen, um beispielsweise ein Unternehmen zu gründen. Oder Sie sind durch hartes Training gut in Form gekommen und auf dem besten Weg, sich Ihren Traumkörper zu erarbeiten oder einen sportlichen Erfolg zu erzielen. Oder Sie sind dabei, gerade ein anderes für Sie wichtiges Ziel zu erreichen. Das ist nicht ohne persönliche Opfer möglich und oft sogar mit Schmerzen verbunden. Doch wenn Sie den Berg erklommen haben, werden Sie unglaublich stolz auf sich selbst sein. Und das nicht nur für ein paar Minuten oder Stunden - nein, Ihr ganzes restliches Leben lang. An den Schmerz und die Anstrengungen hingegen werden Sie sich bald kaum noch erinnern. Oder falls doch, dann nur in dem Gefühl, dass Sie trotz aller Misslichkeiten durchgehalten und alles gegeben haben, und dass es sich gelohnt hat. Beispielsweise einen Schulabschluss zu erringen, auf den Sie Ihr Leben lang stolz sein werden.

Selbst bei einer glücklichen Partnerschaft kann es irgendwann geschehen, dass einer der beiden Partner nicht mehr da ist: Sei es aufgrund einer Trennung oder durch einen Todesfall – durch Unfall oder Krankheit. Für den, der zurückbleibt, bedeutet dies Trauer, Verzweiflung, Sorgen und Einsamkeit. Aus einem großen Glück wurde Unglück. So ist nun mal der Lauf der Dinge. Nichts ist für die Ewigkeit.

Kennen Sie das Samsara? Den ewigen Kreislauf des Lebens im Buddhismus? Stirbt ein Lebewesen, so wird es auch wiedergeboren. Dabei ist entscheidend, wie viel gutes oder schlechtes Karma dieser Mensch oder dieses Lebewesen in seinem vorigen Leben gesammelt hat. Samsara wird deshalb auch „Lebensrad" genannt, weil es sich immer weiterdreht und von Geburt zum Tod über Geburt zum Tod läuft. Diese Glaubensvorstellung ist sehr hilfreich, um das Gesetz des Rhythmus zu verstehen.

Grundsätzlich lässt sich sagen, dass das Gesetz des Rhythmus das Hin- und Herschwingen zwischen zwei Polen, beziehungsweise Gegensätzen, ist. Es ist möglich, dass Sie heute fantastisch gelaunt und glücklich sind. Glücklich über Ihre Partnerschaft, Ihre Kinder, Ihre Arbeit oder andere Dinge. Doch schon am nächsten Tag könnten Sie mit dem falschen Fuß aufstehen. Sie haben schlechte Laune und finden alles nur noch dumm oder überflüssig. Der Job macht keine Freude, weil nichts los ist, weil er zu stressig ist oder weil der Chef mal wieder nervt. Nach der Arbeit stehen Sie auf dem Heimweg noch eine Stunde lang im Stau. „Ausgerechnet heute, wo ich doch sowieso schon so viel ertragen musste!", denken Sie sich. Endlich Zuhause angekommen, meckert Ihr Partner, dass Sie das Paket nicht wie versprochen abgegeben haben oder es liegt ein Zettel auf dem Küchentisch, mit den Worten „Hallo Schatz, ich bin mit den Mädels was essen. Such dir bitte selbst etwas aus dem Kühlschrank!" obwohl Sie sich doch so auf das gemeinsame Abendessen gefreut hatten. Dann sind da natürlich noch die Kinder, die nur herumschreien, obwohl Sie einfach nur auf der Couch liegen und sich einen schönen Film hatten ansehen wollen, um zu entspannen. Sind die Kinder endlich im Bett und der Film läuft, ist selbst der nicht so, wie Sie erwartet hatten. Frustriert gehen Sie ins Bett und können einfach nicht einschlafen. Was für ein miserabler Tag!

Eine Katastrophe folgt der nächsten. War der vorherige Tag noch perfekt und alles hat genau so funktioniert, wie Sie es sich vorgestellt hatten, ist im Gegensatz dazu der darauffolgende Tag ein vollkommener Reinfall. Auf das Hoch folgt das Tief. Schlafen Sie schlecht, dann kann es leider passieren, dass Sie zusätzlich müde und nicht wirklich fit sind, weshalb der nächste Tag bereits ab dem Aufstehen schon wieder „im Eimer“ ist. Steht Ihnen das Gesetz des Rhythmus nicht vor Augen, wird Ihre Situation möglicherweise schlimmer und schlimmer. Ihre Zuversicht und Ihre Lebensfreude schwinden.

Beispiele aus dem Alltag

Anhand einiger Beispiele werden Sie gleich besser verstehen, wie wichtig es ist, mit diesem hermetischen Gesetz umzugehen.

Stellen wir uns eine kleine Firma vor, die aktuell größere Schwierigkeiten hat. Der Inhaber hat große Angst, dass er sein Unternehmen schließen muss. Doch kurze Zeit später erhält er endlich einen Auftrag von einem Großkunden und alles scheint wieder in Ordnung zu sein. Es fließt genügend Geld ins Unternehmen und nach einigen Monaten ist die Arbeit mit diesem Kunden abgeschlossen. Doch leider wurde in der Zwischenzeit gar nicht daran gedacht, weitere Neukunden zu werben. Und somit steht die Firma erneut auf der Kippe und es wird wieder einmal mit dem Gedanken gespielt, sie zu schließen. Was läuft hier falsch? Der Inhaber hat stets einseitig auf die Situation reagiert, statt das Ganze im Blick zu behalten und entsprechende Vorsorge für die natürlichen „Schwingungen" zu treffen.

Das Gesetz des Rhythmus ist stark mit dem Gesetz der Polarität verknüpft. Wir können davon ausgehen, dass alles stets in einem ewigen Rhythmus abläuft. Menschen fühlen regelmäßig emotionale Hochs und Tiefs. Jeder Auf- und Abschwung ist vergänglich.

Nach jedem dunklen, kalten Winter wird wieder ein Frühling kommen. Die Sonne wird scheinen, die Natur wird aufblühen und die Lebensgeister erwachen. Danach wird der Sommer kommen und mit ihm Besuche im Schwimmbad und laue Abende. Und egal, wie sehr wir diese Zeiten genießen, irgendwann wird in jedem Fall die Zeit kommen, in der wir uns wieder auf bunte Blätter im Herbst, selbst auf die Kälte draußen und auf die auf Gemütlichkeit daheim nach langen Spaziergängen freuen. Wenn alles wieder zur Ruhe kommt und sich etwas langsamer bewegt, wenn es Zeit wird, sich für die Winterruhe vorzubereiten. Aus den Abläufen der Natur können wir viel lernen. Wir sind selbst Teil der Natur und ihrer Abläufe und Gesetzmäßigkeiten.

In unserer heutigen Gesellschaft fühlen wir uns manchmal ermüdet von all den täglichen Herausforderungen und Informationen, die auf uns einstürmen, von den Menschen, denen wir begegnen und ja, auch den Möglichkeiten, die wir haben, um unser Leben zu gestalten. Betrachten wir das alles aus einer neutralen Position heraus, ist es völlig verständlich, dass wir uns da manchmal hilflos fühlen und gar nicht mehr wissen, was wir wollen, was wir tun müssen und wofür das alles gut sein soll Diese Zeiten der Verwirrung sind normal und vollkommen menschlich. Zeiten des Chaos sind genauso wichtig wie Zeiten der Klarheit. Denn unsere Existenz unterliegt hermetischen Gesetz des Rhythmus. Und kehren wir nochmals zu dem Zustand der Verwirrung zurück, werden wir feststellen, dass er auch seine guten Seiten hat: Ist es nicht nützlich, sich an der Natur zu orientieren und sich selbst „gehen" zu lassen"? Zu vertrauen und zu wissen, dass selbst, wenn der Winter kalt und dunkel war, schon bald der Frühling mit seinen Knospen, Blüten und Sonnenschein bevorsteht? Wir könnten dieses Wunder gar nicht schätzen, ohne vorher den Winter durchlebt zu haben.

Diese Beispiele machen uns klar, dass das Leben im Grunde recht einfach ist und seine natürlichen Zyklen durchläuft. Wir haben allerdings die Möglichkeit, unser Leben und unsere Gefühle zu beeinflussen, denn wir können eins mit der Natur werden, können wieder zur Bodenständigkeit zurückkehren und die „Wechselfälle des Lebens“ als Teil ganz natürlicher Abläufe verstehen lernen. Das wird uns vor allem davor bewahren, zu verzweifeln und den Mut zu verlieren, wenn wir in Schwierigkeiten stecken und gerade schlechte Zeiten durchleben.

Ein weiteres Beispiel ist der Erfolg, den wir in unserer Arbeit haben. Nehmen wir mal an, Sie wagen den Schritt in die Selbständigkeit und gründen ein kleines Unternehmen. Wie wäre es mit einer Werbeagentur, denn davon haben Sie schon immer geträumt. Sie sind dabei, Ihre Ideen und Vorstellungen in die Praxis umzusetzen und Sie haben Freude daran. Doch Sie wissen auch, dass dies mit viel Verantwortung und Arbeit verbunden ist. Vor allem hören Sie auch die Stimmen von außen, die all die Gründe aufzählen, die gegen eine Selbstständigkeit sprechen. Doch Sie lassen sich nicht abbringen und nach einer schwierigen Anfangsphase merken Sie langsam, wie Ihr Unternehmen anfängt, zu florieren. Sie erleben das Interesse an Ihrem Service, die Nachfrage steigt und plötzlich sind Sie sogar in der Lage, Arbeitnehmer einzustellen. Das Geschäft gedeiht und alles läuft genauso, wie Sie es sich immer vorgestellt hatten. Sie sind irgendwann in der Lage, weitere Investitionen durchzuführen und besonders reizt es Sie, das hübsche Büro mit der chilligen Dachterrasse in der Innenstadt zu mieten, das Sie erspäht haben. Die Mietkosten sind hoch, aber Sie verspüren gerade eine solche Energie, dass Sie das Gefühl haben, alles schaffen zu können. Sie strotzen nur so vor Selbstbewusstsein und bald zieht Ihr Unternehmen in das Traumbüro ein. Je mehr Sie diese Zeit genießen, desto schneller kommt auch der unerwartete Fall. Kurz nach dem Aufschwung taucht eine neue Werbeagentur auf dem Markt auf und bietet ein Portfolio an, das dem Ihren, bisher so einzigartigen, fast aufs Haar gleicht. Bald schon bekommen Sie zu spüren, wie aggressiv Ihre besten Kunden von diesem neuen Konkurrenten abgeworben werden. Als jetzt auch noch Ihr größter Auftraggeber abspringt, wissen Sie schon, dass Sie die Mietausgaben sowie die Gehälter Ihrer Angestellten im nächsten Monat vermutlich nicht mehr werden zahlen können. Dies stürzt Sie in eine ziemlich große persönliche Krise, denn Sie fühlen auch die Verantwortung, die Sie für Ihr Unternehmen und Ihre Mitarbeiter tragen. Sie bekommen das Gefühl, dass Sie gescheitert sind und ärgern sich, dass Sie sich so von Ihrem Ruhm und Erfolg haben blenden lassen.

Doch dies ist nicht der Fall. Es hat nichts mit persönlichem Versagen zu tun. Natürlich waren Sie die agierende Person, jedoch herrschen auch hier die geistigen Gesetze der Hermetik, und das Wissen um diese Gesetze kann Ihnen helfen, die Situation leichter zu verstehen und Schuldgefühle loszuwerden. Sie erleben aktuell ein einfaches Beispiel für das Gesetz des Rhythmus. Wer den Wechsel des Lebens erkennt, kann sich das bewusst machen und vorsorgen. Hätten Sie sich vor Augen gehalten, dass diese oder auch andere Risiken bestehen und sich vielleicht nicht zu sehr von Ihren Emotionen leiten lassen, dann hätten Sie entsprechende Entscheidungen treffen können, die Sie für solche Lebenslagen gewappnet hätten.

In diesem Beispiel hätte es eine ganze Reihe von Möglichkeiten gegeben: Die monatlichen Ausgaben möglichst gering zu halten und auf das repräsentative Luxusbüro zunächst zu verzichten. Oder einen oder zwei Räume an einen zahlungskräftigen Untermieter zu vergeben, der Monat für Monat einen Teil der Miete mittragen kann. Oder Ihr Portfolio beständig zu verbessern, so dass Sie ihrer Konkurrenz stets um ein kleines Stück Kreativität und Extra-Service voraus sind. Sicher fallen Ihnen noch weitere Ideen ein, wenn Sie über dieses Beispiel weiter nachdenken.

Und selbst wenn Sie sich tatsächlich verkalkuliert haben, so gibt Ihnen das Leben meist noch eine Chance, aus einem Fehler zu lernen und es besser zu machen.

Wenn Sie kurzfristig sowie auch langfristig den Rhythmus zwischen Aktivität & Passivität, Anhäufung & Loslassen, Ruhe & Anstrengung, Auf- & Niedergang, Auf- & Abbau, Ein- & Ausatmen begreifen, dann können Sie alles, was Sie tun, bewusst steuern. Gehen Sie jeden Schritt bewusst und damit vorausschauend – so bleiben Sie stets im Rhythmus. Wie Geburt und Tod wird es auch immer Ebbe und Flut geben. Auf Glück wird Leid folgen. Sind Sie mit einem Partner sehr glücklich, kann es sein, dass irgendwann eine Situation wie Trennung oder Tod in Ihr Leben treten wird. Es nützt aber nichts, in schönen Zeiten Angst vor schlechten Tagen zu haben. Sie sind bereits auf einer starken mentalen Ebene angelangt, wenn Sie verstehen und sich bewusst machen, dass auf Pech auch wieder Glück folgen wird.

Wie also gehen Sie am besten mit diesen Zyklen des Lebens um?

Denken Sie an Arbeiten oder Aufgaben, vor denen Ihnen graut, weil Sie darin nicht gut sind oder weil Sie gar Angst davor haben? Sie müssen diese Dinge aber dennoch dringend erledigen. Gehen Sie an diese Aufgaben bereits mit negativen Gedanken und der Vorstellung heran, dass es kein gutes Ende nehmen wird, starten Sie unmotiviert und bereits in der Erwartung einer Niederlage. Die Situation beginnt also bereits buchstäblich aufgeladen mit schlechter Energie.

Suchen Sie sich lieber gezielt eine Möglichkeit, sich zu motivieren. Klammern Sie sich keinesfalls in Gedanken an frühere Fehlschläge oder das Risiko, etwas falsch zu machen.

Zähe Prüfungsvorbereitungen? Stellen Sie sich Ihre Abschlussnoten vor, Ihren Erfolg, und alle Türen, die sich Ihnen anschließend öffnen werden. Stellen Sie sich nur das tiefe Gefühl der Erleichterung vor, wenn Sie den unangenehmen Job, die endlose Paukerei oder andere entnervende Aufgaben endlich mit Erfolg hinter sich gebracht haben! Und sagen Sie sich, dass Sie schließlich auf Ihre Disziplin, Ihren Fleiß und Ihre Ausdauer dauerhaft stolz sein dürfen!

<u>Hier sind einige Beispiele, die Sie für sich ausprobieren sollten:</u>

- Ungeliebte Hausarbeiten? Hören Sie währenddessen Ihre Lieblingsmusik: Die wird Ihnen den Takt angeben, Ihre Laune heben und Ihnen Schwung verleihen. Beim nächsten Mal werden Sie schon viel weniger innere Widerstände überwinden müssen, sondern positiv gestimmt an die Sache herangehen.

- Schenken Sie sich selbst etwas, um den Abschluss einer mühseligen oder verhassten Arbeit zu feiern. Schenken Sie sich Zeit, indem Sie etwas Schönes tun, Ihr Hobby ausüben, lesen, shoppen gehen.

Durch positives Denken können wir unsere Psyche stärken und sogar unseren Charakter beeinflussen. Statt uns zu plagen und dabei zu schimpfen und negative Stimmung zu produzieren, verlassen wir unsere „Komfortzone“ und entdecken Talente und Fähigkeiten, die wir bisher vielleicht gar nicht wahrnehmen konnten. Alles Unbekannte, noch nicht Erlernte, scheint schwierig und riskant zu sein oder stellt in unserem Geist ein unüberwindliches Hindernis dar. zu sein. Obwohl es das vielleicht gar nicht ist.

Hier ist ein weiteres Beispiel:

Ein Schüler ist sehr begabt in der Schule, ein anderer nicht. Der Begabte lernt leicht und mühelos, hat aber weder Ansporn noch den Willen, sein Potential zu nutzen. Seine Ausrede: Es fehlt ihm an Zeit, weil er sich um seine kleine Schwester kümmern, am PC spielen oder sich intensiv einem Hobby widmen muss. Der andere Schüler ist nicht so talentiert und muss viel mehr Zeit und Mühe aufwenden, um die Lerninhalte zu meistern. Er möchte jedoch später unbedingt Anwalt werden. Er stammt aus einer echten Problemfamilie, sein Stiefvater behandelt ihn schlecht und er muss obendrein noch arbeiten, um zum Familienunterhalt beizutragen. Alle Widrigkeiten jedoch treiben ihn nur an: Er verbeißt sich nach dem Unterricht in seine Hausaufgaben und schafft seinen Abschluss. Als Anwalt setzt er sich später gegen die Jugend- und Kinderarbeit ein und bewahrt andere Kinder davor, an schwierigen Startbedingungen zu scheitern.

Dieses Beispiel zeigt uns: Wenn wir uns etwas ganz fest vornehmen, dann schaffen wir das mit Hilfe unseres Willens, der uns kreative Lösungen eröffnet, aber auch für Durchhaltevermögen sorgt.

Ein banales Beispiel:

X hat eine Hundephobie. Eigentlich mag er Tiere, auch Hunde, aber er erstarrt vor Angst, wenn ihm ein Hund zu nahekommt. Er macht Umwege oder wechselt die Straßenseite.

Die Lösung besteht eindeutig nicht darin, künftig allen Hunden der Welt aus dem Weg zu gehen. Suchen Sie sich in so einem Fall entweder professionelle Hilfe, um dem Ursprung der Phobie auf den Grund zu gehen.

Oder Sie freunden sich nach und nach mit den Hunden von Freunden an, Schritt für Schritt. Mit jedem freundlichen Hund, den Sie näher kennenlernen, werden Sie neues Vertrauen aufbauen und nach und nach die Phobie unter Kontrolle bringen.

Naturvölker wussten, dass immer alles im Gleichgewicht sein muss. Nehmen ohne zu Geben war für sie undenkbar. Es war Ihnen äußerst wichtig, alle Energien in Balance zu halten und dem Gesetz des Rhythmus zu folgen: Wer sich etwas nimmt, ohne dafür „zu bezahlen" und die Konsequenzen zu bedenken, verstößt gegen dieses Gesetz. Nichts „gehört" einem Menschen für immer oder steht ihm zu, er hat keinen Anspruch darauf, dass es für ihn keine Schwingungen, kein Auf und Ab gibt, nur Profit, keinen Verlust, nur ein Haben, nie einen Mangel.

Wir können von dieser Einstellung nur lernen. Zerstören wir die Natur, entnehmen wir Ressourcen, ohne zugleich etwas zurückzugeben, zerstören wir nach und nach unsere gesamte Lebensgrundlage.

Werden die Meere weiterhin überfischt, bringt dies kurzfristig einigen Menschen ein erhöhtes Einkommen, doch irgendwann bleibt der Fisch-Nachwuchs aus und am Ende kann niemand mehr seinen Lebensunterhalt mit der Fischerei verdienen. Dies ist nur ein Beispiel von unzähligen, die mit Nahrungsversorgung, Natur- und Umweltschutz und den Konsequenzen für den Menschen zu tun haben.

Gerne erzähle ich Leuten auch von einem Rat eines guten Freundes aus Frankreich. Aufgrund unserer nahen Verbindung erzählte ich ihm einmal von den Auf- und Abschwüngen in meiner beruflichen Situation sowie in meinem Privatleben. Früher war ich der Meinung, dass ich alles beeinflussen kann und wenn etwas schlecht läuft, ich mir diese Entwicklung auch stets selbst zuzuschreiben hätte.

In der Zeit, als dieses Gespräch stattfand, war ich extrem niedergeschlagen, weil ich selbst im zwischenmenschlichen Bereich ein ständiges Hin und Her erlebte, ebenso wie ich im Beruf keine Erfüllung und kein positives Feedback bekam. Ich habe mich einfach gefragt, warum gerade ich immer in verfahrenen Situationen endete und warum das Leben mich so miserabel behandelte. Der Rat meines Freundes hat mir jedoch sehr geholfen. Er erklärte mir, dass in Frankreich „Melancholie" genauso gefeiert und geschätzt wird wie Frohsinn, Lebensfreude und Fröhlichkeit. Ich wollte es erst nicht glauben, aber ja, man kann Melancholie, welche sich durch Niedergeschlagenheit, Traurigkeit oder auch Depression äußert, ganz besonders wertschätzen. Die Welt hat ein großes Spektrum an unterschiedlichen Erfahrungen und eine große Varietät an Gefühlszuständen zu bieten. Akzeptieren wir diese und leben wir sie mit Dankbarkeit, dann wird uns das Leben viel leichter fallen. Denn auch wenn wir Großes mit unserem Geist und Gedanken beeinflussen können, braucht es manchmal auch das Vertrauen in die Naturgesetze, die uns durch alle Phasen des Lebens geleiten.

Praxistipp: Gesetz des Rhythmus

Doch kann man gar nichts tun, um diesem Kreislauf zu entkommen? Gibt es keine Möglichkeit, wie wir uns aus dem Teufelskreis des Lebens und des Samsara befreien können? Doch, die gibt es. Sie haben bestimmt schon einmal vom Nirwana gehört. Das Nirwana im fernöstlichen Kulturkreis meint genau das, den Ausbruch aus dem Rad des Lebens. Man wird nicht mehr wiedergeboren, sondern schwebt – zumindest nach unserer westlichen Vorstellung – für alle Ewigkeiten im Nichts, also im Nirwana. Oft hört man auch das Sprichwort:

„Ich habe meine schlechte Gewohnheit ins Nirwana geschickt", was demzufolge bedeutet, dass man die Gewohnheit (oder was auch immer) für immer aus seinem Leben verbannt hat. Natürlich gibt es noch weitere Wege, aus einem bestimmten Kreislauf auszubrechen. Sie müssen Ihre eigene Mitte finden. Von diesem Begriff hört man oft, meist im Zusammenhang mit Meditation und Spiritualität. Sie müssen sich selbst bewusst machen, dass das Gesetz des Kreislaufs existiert und dass Sie lernen müssen, damit zu leben. Tun Sie dies, dann stoppen Sie natürlich nicht den Kreislauf selbst. Sie akzeptieren dann lediglich, dass er da ist. Jedoch wird es Ihnen irgendwann vollkommen egal sein, ob Sie sich gerade in einem Hoch oder in einem Tief befinden, denn Sie gehen ja bewusst den Weg zur inneren Mitte. Den Weg der Ausgeglichenheit. Es wird kein riesiges Hoch mehr geben, dafür auch kein tiefes Loch mehr, in das Sie fallen könnten. Dann gibt es auch kein „mit dem falschen Fuß Aufstehen" mehr, denn solche Gedanken sind nur Resultate der eigenen, negativen Denkweise. Löschen Sie diese am besten sofort aus Ihrem Bewusstsein.

Einer Sache können Sie sich außerdem immer sicher sein: Sind Sie gerade in einem Tief gefangen und wissen nicht mehr weiter, dann wird zu 100 Prozent ein Hoch kommen. Das Leben geht weiter und ebenso der Kreislauf unseres Lebens. Wir dürfen nicht immer ans Negative denken, es aber genau so wenig völlig ausblenden. Dennoch sollte hauptsächlich das Positive in unserem Blickwinkel stehen und unser Bewusstsein davon erfüllt sein. Befindet Sie sich also gerade in einer schlechten oder gar kritischen Lebenslage, versinken Sie auf keinen Fall in Selbstmitleid und Resignation. Traurigkeit und Niedergeschlagenheit sind eine natürliche Reaktion und müssen durchlebt werden. Doch sobald Sie neue Kräfte gesammelt haben, bleiben Sie am Ball und glauben Sie an sich. Sie werden Lösungen finden und Erfolge erzielen. Sie werden sich Schritt für Schritt aus Krisen befreien. Je länger Sie sich jedoch von negativen, selbstzerstörerischen Gedanken beherrschen lassen, desto länger wird es dauern. Vergeuden Sie also keine Energie, sondern übernehmen Sie sobald Sie können wieder aktiv das Steuer Ihres Lebens.

Am Tiefpunkt unseres Lebens beherrscht uns vielleicht ein Gefühl, dass alles schlecht sei oder gar, dass wir selbst schlecht sind und unverzeihliche Fehler gemacht haben. Dass wir das Unheil, die Niederlage, das Pech oder gar die schlechte Behandlung durch einen Mitmenschen „verdient" hätten. Welchen verheerenden Einfluss diese Einstellung auf die nächsten wichtigen Entscheidungen haben würde, das können Sie sich sicher ausmalen. Auf diese Weise wirkt sich die aktuelle Stimmung auf unser weiteres Leben aus.

Ein einfaches Beispiel dazu:

Haben wir gerade Hunger, dann wollen wir natürlich etwas essen. Haben wir sehr viel Hunger, dann essen wir vielleicht sogar zu viel. Vermutlich halten wir unseren Ernährungsplan dann nicht ein, einfach aus dem Grund, weil wir uns vom Hunger und den daraus folgenden Emotionen leiten lassen.

Erkennen Sie, dass nicht jedes Scheitern auf Ihr eigenes „falsches" Verhalten zurückzuführen ist. Nicht immer verursachen Sie den Verkehrsunfall. Vielleicht stehen Sie gerade einfach im Stau und bewegen ihr Fahrzeug keinen Meter. Trotzdem fährt Ihnen ein Verkehrsteilnehmer in die Seite oder ins Heck Ihres Wagens. Sie trifft in diesem Fall keinerlei Schuld. Das müssen Sie unbedingt erkennen und verstehen. Jederzeit kann etwas geschehen, für das wir nicht verantwortlich sind. Verantwortlich sind wir allerdings dafür, wie wir mit solchen Situationen umgehen und uns wieder daraus befreien. Und wir sind auch dafür verantwortlich, die Höhen und Tiefen jeweils zu akzeptieren und einzuplanen.

Wenn wir ein Date mit einem Partner vereinbaren, dann sollten wir immer einen Plan B haben, der ins Spiel kommt, wenn zum Beispiel das Restaurant keinen Platz mehr frei hat oder auf dem Weg zum Kino ein Unfall passiert ist und die Straße gesperrt wurde. Dann können Sie zum Beispiel umkehren und einen anderen Ort anfahren.

Das Auf und Ab ist ein ganz natürlicher Vorgang – wer einem gesunden Rhythmus folgt und mit diesem in Einklang lebt, kann alle Phasen in einem erträglichen und gesunden Rahmen durchleben. Im Bewusstsein, dass nach glücklichen Zeiten auch wieder traurige Zeiten folgen. Dass nach Schwierigkeiten auch wieder angenehmere Tage folgen werden.

Akzeptieren Sie dieses Gesetz und diese Gegebenheiten, werden Sie auch in Krisen nie einen extremen, negativen Gedankenumschwung erfahren. Der Rhythmus hat dann nur einen geringen Einfluss auf die Verwirklichung der persönlichen Ziele im Leben. Finden Sie Ihre Position im Rahmen dieses Gesetzes. Schaffen Sie sich einen „Notfallplan“, der Sie auffängt, wenn nichts mehr klappt und der Sie zugleich intensiver leben lässt. Oft fällt uns das leichter, solche Pläne zu fassen, wenn wir uns in einem Hoch befinden. Daher sollten Sie diese Phasen nutzen, um ein paar „Anker“ zu setzen, die das Gefühl und die Gedanken von schönen und glücklichen Zeiten bei Bedarf wiedererwecken. Das können Fotos, Musik, Gegenstände, Essen, Gerüche oder auch alle anderen Dinge sein, welche an unsere positiven Emotionen geknüpft sind. Später können wir dieses Gefühl mit Hilfe dieser „Anker“ wieder aufrufen. Sie werden uns Halt geben und das Gefühl wird sich weiterhin positiv auf die Manifestierung und Vorbereitung für die schönen Zeiten auswirken.

Wichtig ist, dass wir unsere Emotionen im Auge behalten und uns von ihnen nicht so weit leiten lassen, dass sie sich negativ auf unser Leben auswirken. Das ist einfacher gesagt als getan, aber mit ein bisschen Übung absolut möglich. Manchmal unterschätzen wir unsere Willenskraft und was wir damit bewirken können. Es nützt nichts, sich Emotionen zu verbieten, denn dadurch verstärken sie sich unterbewusst umso mehr. Manchmal ist in dieser Hinsicht einfach eine Ablenkung oder die Veränderung der Perspektive hilfreich. Hier lassen sich wieder die Ablenkungs- und Entspannungstechniken aus dem ersten Kapitel einsetzen. Sehr schnell werden Sie merken, dass alles gar nicht so schlimm ist und der Rhythmus das Leben automatisch immer wieder verändert. Haben Sie das Prinzip verstanden und sind Sie sich bewusst, dass schlechte Phasen im Leben vergänglich sind und tatsächlich vorbeigehen, dann fallen Ihnen auch die schönen Momente viel mehr auf. Sie lernen, sie noch mehr wertzuschätzen und zu genießen. Es ist wunderbar, dass das Leben uns diese Erfahrung bereitstellt. Wir können dankbar dafür sein und ein gesundes Maß an Emotionen als spezielle Zutat für unser Lebensrezept sehen. Ohne die Erwartung, dass alles immer eitel Sonnenschein sein muss. Dadurch entsteht kein Druck in uns selbst, der kritische Situationen noch schlimmer machen würde. Das Gesetz des Rhythmus verdeutlicht, dass nicht alles in unserer Hand liegt, dass wir aber dennoch unser Leben selbst gestalten können. Damit haben wir auch die Möglichkeit, es intensiv in allen Facetten zu leben.

Das 6. hermetische Gesetz: Kausalität

„Das ist ja mal ein Zufall!"

So etwas sagen wir nur zu häufig, wenn etwas sehr unerwartet passiert. Genau diese Aussage verneint nun das 6. Gesetz der Kausalität. Warum ist das so? Weil alles eine Ursache hat. Nichts geschieht einfach so aus „Zufall". Alles, was geschieht, hat eine Ursache. Das Universum entstand nicht einfach aus dem Nichts. Es entstand laut heutiger Befunde aus dem Urknall, einer winzigen Ansammlung von immenser Energie, die schließlich explodierte. Löschen Sie also umgehend die Begriffe "Zufall", "Willkür", "Ungerechtigkeit" oder etwa "Laune der Natur" aus Ihrem Gedächtnis, bevor Sie weiterlesen.

Sie werden auch nicht aus Zufall krank. Es befinden sich Bakterien oder Viren in Ihrem Körper, die Schaden anrichten. Sie haben vielleicht einen Gendefekt, der Ihr Immunsystem besonders anfällig für bestimmte Krankheiten macht. Auch dieser Defekt ist aus irgendeinem Grund vorhanden, sei es, weil er Ihnen von Ihren Eltern vererbt wurde oder weil andere Gründe vorliegen. Vielleicht kommen Sie niemals der Ursache im Detail auf die Spur, trotzdem muss Ihnen bewusst sein, dass alles einen Auslöser hat und nicht einfach so passiert. Somit trifft die Aussage „das kann kein Zufall sein" schon eher auf die Wirklichkeit zu. Kein Millionär dieser Welt hat einfach so sein Vermögen erhalten. Er hat es sich selbst durch harte Anstrengung erarbeitet oder er hat es geerbt. Doch auch hierbei hat er es ja nicht „aus Zufall" geerbt, sondern weil seine Eltern, Verwandten oder wer auch immer, Millionäre waren.

Auch das Gehalt am Monatsende kommt nicht spontan, wie es dem Arbeitgeber eben gefällt. Sie haben mit ihm einen Arbeitsvertrag abgeschlossen und erhalten für die die verrichtete Arbeit einen monatlichen Betrag. Als Selbstständiger oder als Unternehmer wird die Geldausschüttung sich eher an der Zahl der Aufträge bemessen, doch auch für diese muss etwas getan werden. „Von nichts kommt nichts". Es gibt keine Wirkung ohne Ursache. Denken Sie bitte einmal selbst nach. Es gibt keinen Tod ohne eine vorherige Geburt. Sie können nicht schwimmen, wenn Sie es nicht schon einmal geübt haben. Gleiches gilt für das Fahrradfahren. Wie viele Anläufe haben wir anfangs gebraucht, um endlich ohne elterliche Hilfe fahren zu können? Das Resultat war das Radfahren ohne Stützräder. Das wiederholte Hinfallen, die Hilfe der Eltern und das Üben und Ausprobieren waren notwendig, um die Fertigkeit des Radfahrens zu entwickeln. Sehen Sie sich in Ihrer Umgebung um. Sie werden nichts entdecken, was „durch Zufall" entstanden ist. Absolut nichts. Erst recht nichts, das von Menschenhand entstanden ist, da hier meist eine Idee der Ausgangspunkt war.

Eine ganz einfache Veranschaulichung des Gesetzes: Wenn Sie jemanden ermorden, werden Sie vermutlich dafür ins Gefängnis kommen. Der Mord ist die Ursache, der Gerichtsprozess, die Gefängnisstrafe und zuvor der Tod des anderen Menschen sind die Auswirkungen. Wenn ein junger Mann eine Frau kennenlernt, die ihn sehr anzieht, und mit der er anschließend durchbrennt, obwohl er bereits eine langjährige Beziehung hat, dann ist es womöglich zu erwarten, dass ihn diese neue Freundin bald auf die gleiche Weise ersetzen wird.

Damit kommen wir zu dem, was oft als „Karma" bezeichnet wird: Negatives wie Positives führen zwangsläufig zu ganz bestimmten Entwicklungen.

Beispiele aus dem Alltag:

„Karma" wird oft in einem eher negativen Zusammenhang verwendet. Es sagt aus, dass gewisse Dinge aus Gründen der ausgleichenden Gerechtigkeit passieren oder um einen Menschen für seine Taten zu bestrafen. Das Gesetz der Kausalität entspricht aber nicht diesem Modell. Auf jede Aktion erfolgt eine Reaktion, unabhängig davon, ob sie positiv oder negativ ist. Alles, was man auf irgendeine Art aussendet, beinhaltet eine Ursache und hat dementsprechend auch eine Wirkung. Selbst wenn diese nicht unmittelbar eintritt oder Sie sie vielleicht niemals bewusstwerden sehen können. Dieses Gesetz trifft nicht nur auf Handlungen, sondern auch auf unsere Gedanken zu. Das, was passiert, haben wir auch irgendwann verursacht, denn jede Tat samt der Energie, die hinter ihr steckt, wird immer wieder weitergegeben, bis sie zum Verursacher zurückkehrt. Und dabei will uns das Universum nichts Böses, wir ernten nur die Saat früherer Gedanken und Taten. Es ist ein gemeinsamer Organismus, der seinen Lebenszyklus durchläuft, bis er wieder an seinen Ursprung zurückkehrt.

Wenn jemand zum Beispiel immer hilfsbereit ist, kann er davon ausgehen, dass auch ihm selbst eines Tages geholfen wird. Wer gutmütig ist und gerne gibt, wird auch gern empfangen. Wer Liebe aussendet, wird auch Liebe finden. Besonders gut kann ich das an einem Beispiel aus meinem Bekanntenkreis sehen. Da gibt es eine Familie aus einem kleinen Ort, die ich für ihren guten Willen und ihre Hilfsbereitschaft unglaublich bewundere. Ich vermute, sie würden alles für andere Menschen tun und haben durch viele besondere Taten in ihrem Umfeld anderen Menschen bereits Hilfe, Halt und Unterstützung gegeben. Ob es Arbeit, ein Dach über den Kopf, finanzielle Mittel oder einfach eine Einladung zum Essen, zu einem Kaffee oder auch nur die Zeit für ein gutes Gespräch zwischendurch ist – sie sind immer da und sie strahlen nur so vor Gutmütigkeit. Sie kümmern sich um Nachbarn und ältere Menschen im Dorf, die nicht mehr allein zurechtkommen und auf Unterstützung angewiesen sind. Besonders bewundere ich, dass sie es aus freiem Willen tun und nicht, weil sie etwas als Gegenleistung erwarten oder irgendwelche Hintergedanken hegen.

Da mir das klar war, verwunderte es mich nicht, als sie mir neulich erzählt haben, dass ihre Nachbarn zu ihrer Überraschung ihre Immobilie für sie im Testament notiert haben. Sie wünschen sich, dass die gutherzige Familie ihr Haus erhält, da keine Nachfahren da sind und sie mittlerweile zu den wichtigsten Personen in ihrem Leben geworden sind. Wer hätte das erwartet oder gedacht? Die Familie hat sich natürlich über diese unerwartete und großzügige Gabe sehr gefreut. Ich bin mir sehr sicher, dass auch hier das Gesetz der Ursache und Wirkung im Spiel war. Und das Wunderbare daran ist, dass ich mir sehr gut vorstellen kann, dass die Familie das Haus nicht einmal für sich selber nutzen möchte. Ich kann mir ausmalen, dass sie die Immobilie bereitstellen, um anderen Menschen einen Unterschlupf zu bieten, sie einer wohltätigen Organisation zur Verfügung stellen oder einen anderen guten Zweck dafür finden werden.

Vor ein paar Jahren ist mir eine ähnliche Situation widerfahren. Ich habe meinen Wohnort gewechselt. Da ich ein Kapitel in meinem Leben abschließen wollte, beabsichtigte ich, viele meiner persönlichen Dinge, wie etwa mein Bett, Kleidung, Bettwäsche, Handtücher und dergleichen der örtlichen Gemeinschaft für wohltätige Zwecke zu überlassen.

Ich wusste, dass sie diese Dinge gut gebrauchen könnten und dass ich damit auch symbolisch Platz für Neues in meinem Leben schaffen könnte.

Ich fand eine verantwortliche Person, der ich alle Gegenstände übergeben konnte. Auch wenn ich bei der Übergabe nicht dabei war, stellte ich mir die erfreuten Gesichter der Beschenkten vor und war glücklich, an meinem alten Wohnort positive Spuren zu hinterlassen. Was jedoch danach geschah, ist für mich bis heute unglaublich. Ich zog in eine neue Stadt in einem anderen Land. Schon in der ersten Woche taten sich kleine Wunder, die - da bin ich mir sicher - mit meiner Vergangenheit zusammenhingen. Da ich mich entschieden hatte, vorerst in einem Gästehaus zu wohnen, war ich natürlich sehr darauf angewiesen, schnell eine eigene Wohnung zu finden: Eine bezahlbare und bessere Alternative. In der neuen Stadt war der Immobilienmarkt sehr hart umkämpft. Die Preise waren hoch und oft nahmen Einwohner mehr als zwei Stunden täglichen Anfahrtsweg zur Arbeit hin, um eine schöne und erschwingliche Wohnung zu finden. Auch die Preise für Innenausstattung und Möbel lagen in dieser Stadt auf einem hohen Niveau. Für mich war das kein Hindernis, auch hier zu leben, denn ich folgte meinem Herzen und wusste, dass es für alles eine Lösung gibt. Trotzdem konnte ich es selbst fast nicht glauben, als mir meine Arbeitskollegin, deren Stelle ich übernommen hatte, ihre alte Wohnung anbot. Diese befand sich zu Fuß etwa 10-15 Minuten von meiner Arbeitsstelle entfernt, die Miete war absolut bezahlbar und die Übernahme des Mietvertrages gelang auf einfachste Weise. Das heißt, dass die Wohnung praktisch bezugsfertig für mich bereitstand. Um dem Ganzen die Krone aufzusetzen, überließ mir die Kollegin alle ihre Wohnungsutensilien, Möbel, Bettwäsche und auch Kleidung für einen geringen Preis.

Zwei Wochen später war ich eingezogen und hatte praktisch alles organisiert. An diesem Beispiel wird deutlich, wie alles, was Sie tun, auch zu Ihnen zurückkommt. Ich bin sehr überzeugt davon, dass dies mit der Art und Weise zusammenhängt, wie ich meinen letzten Wohnort verlassen hatte. Aus dieser Geschichte habe ich unglaublich viel gelernt und Glauben gewonnen. Je mehr man bereit ist, zu geben, ohne Anspruch auf eine Gegenleistung zu erheben, desto wahrscheinlicher wird man auch auf unerwartetem Wege überrascht werden. Jede Tat kehrt so zu ihrem Verursacher zurück.

Eine Freundin erzählte mir eine interessante Geschichte. Sie erwähnte während unseres Gesprächs, dass sie gleich ihr Auto abholen werde. Ich fragte "Oh, cool, hast du dir ein neues Auto gekauft?" Sie meinte, dem wäre nicht so. Darauf fragte ich, welches Auto sie denn abholen würde. Sie wurde etwas rot und wusste anscheinend nicht, wie sie mir antworten sollte. Schließlich sagte sie, dass ihr jemand das Auto überlassen hätte. Ich erwiderte, dass sie mir genauer erklären müsste, wie es möglich sei, dass ihr jemand einfach so ein Auto gibt. Dann erzählte sie etwas mehr im Detail, dass sie in einer religiösen Gemeinschaft sei und es dort ein Paar gäbe, dass sich ein neues Auto gekauft habe. Das Pärchen wusste nicht, was es mit dem alten Auto machen sollte und hatte sich überlegt, es meiner Freundin zu schenken. Nach einiger Überlegung öffneten sich mir die Augen, und mir wurde klar, dass das kein Zufall war. Zuvor hatte mir meine Freundin noch erzählt, dass sie jetzt in ihrer Gemeinschaft für Flüchtlinge dolmetsche und das entsprach ganz dem Bild, das ich von ihr hatte. Sie ist einfach die Freundlichkeit und Hilfsbereitschaft in Person. Sie gibt aus freiem Herzen und bemüht sich unermüdlich darum, dass es anderen Menschen gut geht. Ich bin davon überzeugt, dass sie auch in ihrer Gemeinschaft schon vielen Menschen weitergeholfen hat, und dass Ihr Einsatz ohne Frage wieder an Sie als Verursacherin vieler guter Dinge zurückgegangen ist.

In diesen Beispielen wird vielleicht auch deutlich, was es heißt, bedingungslos zu lieben. Oft wird es in unserer Gesellschaft so dargestellt, dass alles gegeneinander aufgerechnet werden muss, dass man für jede Gabe oder jeden Dienst auch eine Bezahlung oder Rückvergütung aushandeln muss. Sonst ist man ja jemand, der sich austricksen lässt, oder der nicht schlau genug im Verhandeln war. In Wahrheit geht es nicht darum, dass man sich unter seinem Wert verkauft, sich ausnutzen lässt oder dass man es zulässt, dass andere Menschen nur Vorteile aus der Bekanntschaft mit uns ziehen. Natürlich sollen Sie sich selbst wertschätzen und vor Übergriffen schützen. Auch das ist ein Zeichen von Selbstliebe.

Es ist aber eine feine Gratwanderung, etwas weiterzudenken und zu überlegen, welche Effekte das eigene Handeln hat. Spare ich ein paar Cent beim

Obsteinkauf, spare ich vielleicht indirekt an den Gehältern der Arbeitskräfte oder erwerbe Ware, die nicht besonders umweltfreundlich produziert oder zum Verkaufsort transportiert wird. Natürlich bleibt es jedem selbst überlassen, wofür er sein Geld ausgeben möchte. Es ist jedoch stets interessant, Dinge zu hinterfragen und in einem anderen Kontext zu betrachten. Ganz besonders auf der Grundlage des Gesetzes der Kausalität lohnt es sich, die Wirkung der eigenen Handlungen für andere Menschen, die Umwelt und das Leben genauer in Augenschein zu nehmen.

Praxistipps: Das Gesetz der Kausalität

Im Grunde genommen sind Ursache und Wirkung so etwas wie Karma, denn das Karma ist ebenfalls etwas, das als Resultat unserer Handlungen irgendwann wieder zu uns zurückkommt. Karma darf jedoch nicht als Bestrafung oder Wohltat verstanden werden, sondern es handelt sich einfach um die folgerichtige Auswirkung von früheren Emotionen, Handlungen und Gedanken. Seinen Ursprung hatte es gewissermaßen beim allerersten Lebewesen auf unseren Planeten, denn dieses hat irgendeine Art von Karma weitergegeben, welche bis heute im "Umlauf" ist und auch in Zukunft für alle Ewigkeiten weitergegeben werden wird. Es ist also unmöglich, das Karma zu beseitigen oder loszuwerden, da es zum Leben dazugehört wie die Luft, die wir atmen oder das Wasser, das wir trinken. Wenn wir beispielsweise einem Obdachlosen Geld oder Essen geben, werden wir einem Menschen weitergeholfen und Freude bereitet haben. Das gibt wiederum uns das Gefühl, dem Tag eine glückliche Wendung gegeben zu haben. Das Karma, das wir mit unserer Gabe ausgesendet haben, kommt so ganz unmittelbar zu uns zurück. Die Wirkung dieses Karmas ist unser eigener innerer Frieden.

Auch dazu gibt es eine Geschichte. Ein Mann gab täglich im Vorbeigehen einem Bettler eine Münze. Der Bettler freute sich darüber. Bei nächster Gelegenheit hob der gleiche Bettler einem anderen Passanten einen Gegenstand auf, der diesem heruntergefallen war. Dieser bedankte sich und freute sich sehr über die Hilfsbereitschaft. Er bot seinerseits einer alten Frau in einem Bus spontan einen Sitzplatz an. Diese wiederum tat kurz darauf einer anderen Person einen Gefallen. Die Kette setzt sich fort – am Ende riss jemand einen Mann am Arm vom Bordstein zurück, bevor dieser von einem Lastwagen überfahren werden konnte. Bei dem Geretteten handelt es sich genau um den Mann, der zu Anfang dem Bettler Geld gespendet hatte. Und gerettet wurde er von jemandem, der durch diese Aneinanderreihung von guten Taten, von gutem Karma, unmittelbar neben ihm stand und entsprechend reagierte.

Ich möchte Ihnen noch ein tiefgreifendes Ereignis zum Thema Karma erzählen. Es stammt aus meiner Nachbarschaft. Da gibt es nämlich diese eine Familie, die niemand leiden kann. Weder die Eltern noch ihre beiden Kinder vertragen sich wirklich gut mit irgendjemandem aus unserer Siedlung. Ein Grund dafür ist, dass der Vater jeden Morgen, bevor er in die Arbeit fährt, sein Motorrad (eines von insgesamt fünf) „warmlaufen" lässt. Entweder handelt es sich dabei um einen alten Roller, der immens nach Benzin stinkt und Krach macht, oder aber es ist eines ihrer größeren Motorräder, die natürlich noch viel lauter sind. So oder so, es stört die Menschen um ihn herum sehr. Ihre zwei Kinder sind etwa 12 und 15 Jahre alt. Der ältere Junge wirkt leider geistig etwas eingeschränkt, was wohl zum Großteil an der schlechten Erziehung liegt. Von draußen hört man die Mutter nämlich immer nur herumschreien und auf ihrem Sohn herumhacken, weil er doch nie etwas richtig machen könne. Ihm wird auch häufig mit Gewalt gedroht, wenn er sich nicht richtig benehmen würde. Der Vater hält sich mittlerweile aus der Erziehung raus, verbessert die Situation also auch nicht. Die Tochter ist anscheinend etwas "besser geraten". Nichtsdestotrotz wurde der Sohn immerzu in der Schule gemobbt und ausgegrenzt. Auf dem Weg zur Schule drohte er anderen auch selbst mit Gewalt, weil er sich mit Worten nicht mehr ausreichend wehren konnte.

Das zur groben Erklärung. Es ist offensichtlich, dass die Eltern so einiges falsch gemacht haben, vor allem in der Erziehung. Nun kommen wir zum Eigentlichen: Dem Karma. Vor ein paar Wochen nämlich ist besagter Vater mit seinem Roller in die Arbeit gefahren. Der Roller müsste für 60 Kilometer pro Stunde zugelassen sein. Als er nach Feierabend nach Hause fahren wollte, geschah es leider: Er übersah einen LKW und dieser übersah auch ihn. Es kam zu einer Kollision. Gott sei Dank hat der Rollerfahrer überlebt. Allerdings lag er ein paar Tage im künstlichen Koma und hatte sich wohl alle Knochen gebrochen, die man sich nur brechen kann. Es folgten eine OP nach der anderen und eine lange Rehabilitation. Zum Glück ist der Mann nun auf dem Weg zur Besserung und befindet sich auch weiterhin auf Reha. Da wir von unserem Garten aus in deren Garage sehen können, ist uns aufgefallen, dass seit diesem Unfall alle Motorräder von dort verschwunden sind. Hoffen wir also, dass die Ereignisse einige positive Veränderungen angestoßen haben. Das negative Karma wurde von den Eltern in die Welt geschickt und nach vielen Jahren hat es sie wieder eingeholt. Der Vater ist schwer verletzt und die Mutter muss nun für längere Zeit alleine zurechtkommen. Ein schwerer Schicksalsschlag, aber ich finde dennoch, dass es sich bei diesem Fall um die Auswirkung von schlechtem Karma handelt. Gerne können Sie sich selbst eine Meinung dazu bilden. Vielleicht sehen Sie einen solchen Schicksalsschlag als göttliche Gewalt oder sogar als Bestimmung.

Prägen Sie sich die Regel ein, mit Ihren Mitmenschen genauso umzugehen, wie Sie sich wünschen, das mit Ihnen umgegangen werden soll. Das besagt auch die Goldene Regel oder das gängige Sprichwort, mit dem wir alle aufgewachsen sind: „Was du nicht willst was man dir tu, das füg auch keinem andern zu." Auch im Koran steht eine solche Regel, die in etwa Folgendes besagt: Tun wir einem Menschen etwas Gutes, so wird Gutes zu uns zurückkommen. Wenn wir einer anderen Person Schaden zufügen, so werden auch wir selbst früher oder später einen Schicksalsschlag erleiden oder eine gewisse Bestrafung über uns ergehen lassen müssen.

Fängt ein Schlägertyp auf einer Party an, Sie anzupöbeln, so müssen Sie nicht zurück pöbeln oder zurückschlagen. Sie können auch ganz ruhig bleiben und mit ihm reden, ohne beleidigend oder ausfallend zu werden. Oder Sie gehen dem Streitsüchtigen einfach aus dem Weg und ignorieren seine provozierenden Kommentare. Er wird die schlechten Gedanken, die er aussendet, irgendwann wieder zurückbekommen und sich wünschen, dass er nie etwas Derartiges gesagt hätte.

Würde jeder Mensch auf der Erde immerzu positive Gedanken haben und diese weitergeben, dann wäre die Erde unzweifelhaft ein besserer Ort. Auch das Karma, welches weitergegeben würde, wäre für alle positiv. In der Praxis ist dies natürlich nicht immer möglich. Dennoch sollten Sie Ihren Mitmenschen gegenüber deutlich öfter netten Gesten zeigen, anstatt ihnen grimmig und unhöflich zu begegnen. Lächeln Sie zum Beispiel einfach hin und wieder. Auch ohne triftigen Grund kann man auf diese Weise einem Gegenüber Freude bereiten. Treffen Sie einen guten Freund oder eine gute Freundin, dann lächeln Sie doch bestimmt auch beim ersten Blickkontakt. Warum also nicht auch beim Vorgesetzten oder bei Kollegen, selbst, wenn Sie sich mit diesen nicht ganz so blendend verstehen?

Sind Sie selbst einmal niedergeschlagen und wissen im Moment nicht so recht, warum Sie überhaupt noch aus dem Bett aufstehen, geschweige denn Menschen anlächeln sollen, versuchen Sie diesen einfachen Trick. Bitte probieren Sie es zumindest einmal aus und stempeln Sie es nicht sofort als kindisch oder lächerlich ab: Schließen Sie die Augen oder halten Sie sich die Augen mit den Händen zu, sodass Sie nur noch Dunkelheit sehen. Anschließend grinsen Sie für ungefähr 60 Sekunden so breit und so stark, wie Sie nur können. Ihr Gehirn wird nicht unterscheiden können, ob Sie sich tatsächlich aus einem triftigen Grund freuen oder sich lediglich dazu bringen, zu lächeln. Daraufhin schüttet Ihr Körper nämlich ganz unwillkürlich Glückshormone aus, die Ihnen definitiv zu einer besseren Stimmung verhelfen werden. Haben Sie das geschafft, haben Sie die negativen Gedanken, also die miese Stimmung, die traurige Miene und so weiter durch eine fröhliche, glückliche und positive Ausstrahlung ersetzt. Sie werden feststellen, wenn Sie nun Familienmitglieder, Arbeitskollegen oder sogar Passanten auf der Straße anlächeln, werden diese zurück lächeln. Sie werden gute Laune, gute Stimmung verbreiten, wo immer Sie hingehen.

Haben Sie vielleicht eine Lieblingsserie, die Sie jederzeit anschauen können? Dann sehen Sie sich diese an, wenn Sie schlecht gelaunt sind. Zumindest, wenn es keine sehr traurige und sentimentale Serie ist, wird das Ihre Stimmung deutlich heben.

An dieser Stelle sollte es Ihnen klar geworden sein: Wir müssen darauf achten, welche Gedanken wir produzieren und verbreiten. Wenn wir uns bewusst machen, was wir empfangen möchten und das auch nach außen weitergeben, wird die gewünschte Energie auch zu uns zurückkommen. Denken wir positiv, werden auch positive Taten folgen. Wenn wir uns das im Großen und Ganzen vorstellen und uns ausmalen, dass jeder Mensch so handeln würde, würde kein negativer Impuls mehr durch uns weitergegeben werden und buchstäblich um die Welt ziehen. Auf diese Weise lässt sich auch ein negativer Kreislauf unterbrechen. Konsequent zu Ende gedacht: Würde jeder Mensch so denken und reagieren, hätte dies einen immensen und weitreichenden Einfluss auf das Gedanken- und Stimmungsspektrum. Auf diese Weise wäre sogar ein Einfluss auf wichtige Entscheidungen möglich!

Was wir aussenden, wird unser Umfeld uns zurücksenden, es spiegeln. Liebe, Vertrauen, Hilfsbereitschaft und Freundlichkeit kommen auf diesem Weg unmittelbar zu uns zurück. Unser Handeln kann so die gesamte Stimmung um uns herum nachhaltig verändern.

Seien Sie die „Ursache" positiver Veränderungen. Gehen Sie so auf Ihre Mitmenschen zu, wie Sie selbst behandelt werden möchten. Führen Sie sich vor Augen, was Sie sich in Ihrem Leben wünschen. Fühlen Sie sich zum Beispiel isoliert und einsam, tun sie den ersten Schritt, öffnen Sie sich und treten Sie in Kontakt mit anderen.

Ganz schnell werden Sie beim Befolgen dieses Grundsatzes beobachten, dass schon durch kleine Veränderungen auch mehr und mehr Änderungen in Ihrer Außenwelt stattfinden. Wenn Sie Tag für Tag, Jahraus, jahrein, das Gleiche tun, was Sie immer getan haben, werden Sie auch immer wieder die gleichen Situationen erleben und in Ihrem Leben die gleichen „Früchte" ernten. Falls Sie daran etwas ändern möchten, dann ist es jetzt an der Zeit, aus der Komfortzone herauszugehen und die Ärmel hochzukrempeln.

Jetzt ist es an der Zeit, Schritt für Schritt die Kontrolle zu übernehmen. Seien Sie dabei geduldig und erwarten Sie nichts. Versuchen Sie aber, Ihrer Umgebung mit positiven, guten und liebevollen Gedanken zu begegnen. Wenn Sie in diesem Gefühl und mit guten Absichten für sich und andere Menschen leben, werden die Energien auch in der gleichen, positiven Frequenz zu Ihnen zurückkommen.

Das wird vielleicht auf eine ganz andere Weise geschehen, als Sie das erwarten. Wir können nie exakt berechnen, kontrollieren oder vorhersagen, was sich auf welche Weise verändern wird. Doch wir können vertrauensvoll daran glauben, dass Sie spannende und wunderbare Erlebnisse und Erfahrungen in Ihr Leben ziehen werden.

Es ist wichtig, im Kleinen positiver zu denken und zu handeln. Alles, was wir als Negativ ansehen, wird uns auch negativ begleiten. Diese Theorie gilt überall: Im Freundeskreis, in Gemeinschaften und Familien sowie in der Arbeitswelt. Behagt uns das Arbeitsklima nicht, kann dies ebenso gut an uns selbst liegen und an den Emotionen und Gedanken, die wir ausstrahlen.

Verharren Sie nicht in negativen Situationen und Gefühlen. Wenn Sie sich an Ihrem Arbeitsplatz nicht wohl fühlen, erwägen Sie eine Veränderung. Wechseln Sie den Arbeitsplatz, wenn es nicht an Ihnen liegt, dass die Dinge nicht gut laufen. Wenn Sie bleibe möchten: Nutzen Sie den Betriebsrat oder wenden Sie arbeitsrechtliche Mittel an, um unfaire Behandlung oder unerträgliche Bedingungen zu bekämpfen. Holen Sie sich Hilfe, wenn es sein muss. Werden Sie aktiv.

Ebenso ist es im privaten Leben: Sie entscheiden allein, mit welchen Leuten Sie befreundet sein wollen, mit welchen Themen Sie sich auseinandersetzen möchten und was Sie tun müssen, um sich gut zu fühlen. Es ist unsere Entscheidung, ob wir durch positives Denken und positive Energie Veränderungen herbeiführen.

Lassen Sie sich auch nicht von Menschen beeinflussen, die überwiegend negative Energie verbreiten. Diese Personen sind in Ihrem Inneren meist zutiefst unglücklich und unzufrieden. Häufig kämpfen sie mit großen Schwierigkeiten. Wenn es Ihnen nicht gelingt, durch Freundlichkeit und Hilfsbereitschaft positive Schwingungen zu vermitteln, gehen Sie auf Abstand, jedoch ohne die Betreffenden zu verurteilen oder sich über sie zu ärgern.

Vermeiden Sie es auf jeden Fall, negative Energie auszusenden: Gleich ob es sich dabei um Ärger, Hass, Zorn wegen einer bösen Bemerkung oder einer Hinterhältigkeit geht. Senden Sie nichts Negatives aus, kann auch nichts Negatives zu Ihnen zurückkommen.

Das 7. hermetische Gesetz: Geschlecht

Hierbei geht es in erster Linie um den Gegensatz: Männlich und weiblich. Es ist allerdings kein solcher Gegensatz, wie im Gesetz der Polarität beschrieben, denn jedes Wesen trägt sowohl etwas Männliches als auch etwas Weibliches in sich. Außerdem ist die Sexualität an sich bei diesem Gesetz nicht wirklich relevant. Allerdings kann es durch sie sehr einfach veranschaulicht werden: Beim Geschlechtsverkehr gibt der Mann seine Gene an die Frau weiter, die daraufhin ihre körperlichen Ressourcen nutzt, um einen Embryo aus dem gemeinsamen Erbgut zu versorgen, zur Welt zu bringen und aufzuziehen. So ist es mit allen Lebewesen um uns herum.

Jeder Mann hat einen Funken Weiblichkeit in sich und jede Frau einen Funken Männlichkeit. Diese Weiblichkeit im Mann kann z.B. sein X-Chromosom sein, welches Frauen ebenfalls besitzen und die Männlichkeit der Frau kann sich z.B. in dem männlichen Hormon Testosteron äußern, welches bei Frauen in einer geringeren Ausprägung auftritt als bei Männern. Es wird gesagt, dass Mann und Frau als eine Einheit zusammengehören. In vielen Ländern werden deswegen Homosexuelle noch immer verfolgt und zum Tode verurteilt. Das wäre jedoch ein völlig falsches Verständnis des hermetischen Gesetzes von Geschlecht, denn erstens trägt, wie erwähnt, jeder Mensch männliche und weibliche Energien in sich und zweitens schreibt das Gesetz nicht vor, welcher Mensch mit welchem zusammenkommen soll.

Unser Körper ist nur der Rahmen unserer Aura, so wie wir uns in uns fühlen, so werden wir auch von außen angesehen. Also kann eine weibliche Aura beispielsweise durchaus einen männlichen Rahmen besitzen, oder umgekehrt.

Im Gesetz des Geschlechts geht es weniger um das Sexuelle, sondern um das harmonische Zusammenleben von Mann und Frau, von Yin und Yang. Sie können dieses Buch nur lesen, weil Sie Sie selbst sind. Sie entstanden aus einer männlichen und einer weiblichen Samen - und Eizelle. Deswegen haben Sie sowohl männliche als auch weibliche Energie in sich und nur deshalb sind Sie am Leben. Es ist wichtig, das zu verstehen. Wir sind nämlich weder ein Mann noch eine Frau, wir sind beides. Dies sind keine wirklichen Gegensätze, sondern zwei Prinzipien, die sich perfekt ergänzen. Denken Sie an ein ganz typisches Merkmal, dass dem Mann zugeordnet wird. Es wird wohl die tiefe Stimme, der Bartwuchs oder der schnellere Muskelaufbau sein, vielleicht auch das eine oder andere Körperteil.

Doch auch Frauen können Spuren von Haar- und Bartwuchs an den falschen Stellen entwickeln, und mancher Mann hat große Mühe, wenn er einen fülligen Vollbart heranzüchten möchte. Auch beim Faktor "Muskelaufbau" gibt es weit mehr Faktoren, die mitspielen, als ausschließlich die Unterscheidung, ob eine Person ein Mann ist oder nicht. Zum Beispiel ist für einen effektiven Muskelaufbau eine Menge Testosteron nötig, doch nicht jeder Mann hat gleich viel von diesem Hormon zur Verfügung. Bei Frauen ist es genau so: Vielleicht hat die eine Dame mehr Testosteron in ihrem Körper als mancher Mann und kann deshalb sogar mehr Muskeln aufbauen als dieser.

Ähnliches beobachten wir bei Fragen zu Charakter und Seele. Das Hormon, das in unserem jeweiligen Organismus überwiegt, wird über uns bestimmen. Und dessen mehr sind wir auf dieses ausgerichtet.

Um die Einheit des mentalen Geschlechts besser zu verstehen, müssen Sie sich die Denkprinzipien der beiden Geschlechter vor Augen führen.

Das männliche Prinzip beinhaltet dabei objektive, bewusste, willkürliche, mutige, handelnde, rationale und aktive Gedanken.

Dem weiblichen Prinzip werden subjektive, unterbewusste, sensible, vorsichtige, kreative unwillkürliche und passive Gedanken zugeschrieben. Man beschreibt sie als emotional. Der Mensch ist in der Lage beide Gedankenprinzipien zu vereinen.

Diese Tendenzen lassen sich nach dem 7. Gesetz in jedem Mann und in jeder Frau finden, sofern Gefühlsebenen nicht unterdrückt werden. Diese Geschlechtlichkeit gilt nicht ausschließlich für den Menschen, sondern die gesamte Natur. Beschrieben als das Prinzip der Schöpfung.

Das 7. Gesetz weist uns darauf hin, dass alle Tendenzen die männlichen und die weibliche in uns liegen und sie zugelassen werden können, um in das natürliche Gleichgewicht zu gelangen. Durch das Verdrängen weiblicher oder männlicher Tendenzen, kommt es in jedem von uns zu inneren und auch äußeren Blockaden. Sie hindern uns das volle Potenzial des eigenen Geistes und der Schöpferkraft auszuleben. Dazu gehört die Gestaltung der eigenen Realität und des eigenen Bewusstseins.

In der Verschmelzung beider Geschlechter mit

ihren jeweiligen mentalen Prinzipien bietet das männliche Prinzip aktive Hilfe, um die Schöpfung hervorzubringen. Viele machen vom männlichen Prinzip keinen Gebrauch, da es in Ihnen nicht besonders stark entwickelt ist. In der Folge werden sehr viele Menschen von den Gedanken anderer geführt und beherrscht, da sie anderen gestatten, die Führung für sie zu übernehmen.

Beide Geschlechter wirken für gewöhnlich harmonisch zusammen und lassen originelle Gedanken wachsen. Überwiegt das männliche Prinzip, fehlt oft die Kreativität, die Wendigkeit im Denken und es werden allzu oft nur die Interessen und Vorteile einer Seite überhaupt berücksichtigt – der eher weiblich betonte Teil wird auf diesem Wege „untergebuttert".

Sehr viele Menschen sind auf diese Weise nur Schatten und Echos von anderen, die stärkeren Gedanken und Willenskräfte haben als sie selbst. Der durchschnittliche Mensch verweilt lange in seinem „Mich"-Bewusstsein und erkennt nicht, dass er auch ein „Ich" hat. Er steckt in seinem weiblichen Teil fest und das männliche Prinzip, welches sich durch die Willenskraft auszeichnet, bleibt in ihm passiv, untätig und ungenutzt. In der Folge entwickeln sie sich selbst nicht weiter, sondern vergeuden ihre Energie damit, sich anzupassen.

Die Alternative wäre, dass sie sich von ihren eigenen, individuellen Eindrücken leiten ließen und sich gegen dominante andere Personen durchsetzen könnten. Starke Menschen bemächtigen sich häufig des „Mindsets" anderer, die ihre männliche Seite nicht entwickelt haben und nicht nutzen können. Das kann zu ungleichgewichtigen Beziehungen innerhalb von Partnerschaften und Familien führen – oder, im extremsten Fall, zu diktatorischen Regierungsformen.

Hier sind ein paar Anhaltspunkte, wie Sie dieses mentale „Ich“ stärken können und lernen, sich durchzusetzen:

- Sprechen Sie allgemein „Klartext“ und ganz ohne darüber nachzugrübeln, wie Sie möglicherweise auf Ihr Gegenüber wirken. Bleiben Sie Ihren eigenen Werten, Ideen und Prinzipien gegenüber loyal. Entwickeln Sie „Rückgrat“, zeigen Sie „klare Kante“.

- Lernen Sie, Ihren Standpunkt zu vertreten! Arbeiten Sie mit Argumenten und anschaulichen Beispielen. Bleiben Sie dabei „bei sich“, bleiben Sie sachlich. Haben Sie Geduld. Mit der Zeit werden Ihnen immer mehr Menschen zuhören und Wert auf Ihre Beiträge, Ihre Meinung legen.

- Selbstverständlich gibt es stets Diskrepanzen, unterschiedliche Meinungen und Problemlösungen. Hören Sie anderen ganz bewusst zu, denken Sie über deren Argumente nach, nehmen Sie sie ernst, ohne sie zu verdrängen, sie zu unterbrechen oder gar in der Diskussion „niederzumachen“. Erarbeiten Sie gemeinsame Lösungen, mit denen alle Beteiligten leben und glücklich sein können.

Sie erkennen Personen mit einem ausgeprägten männlichen “Mindset“ daran, dass sie es schaffen, andere zu beeinflussen und ihre Ideen und Vorstellungen in deren Gedanken zu pflanzen. Dies sind z.B. Schauspieler, welche ihr Publikum zu Tränen rühren und somit deren weibliches „Ich“ mit ihren Schwingungen ansprechen. Auch Politiker, Prediger, Schriftsteller und viele andere Menschen, die im Rampenlicht der Öffentlichkeit stehen, sind oft ausgeprägt „männlich“ in ihrer Persönlichkeit. Sie handeln nach dem Gesetz des Geschlechts und dem Prinzip der beschriebenen Schwingungen. Ihr Geheimnis liegt in ihrem persönlichen Magnetismus, an der Art, wie sie Ideen einprägsam übermitteln.

Das siebte hermetische Gesetz besagt, dass sich die Schwingungen des männlichen Prinzips auf das weibliche Prinzip übertragen. Diese Regel lässt sich überall im Universum wiederfinden und wirkt sich entsprechend aus.

Das Gesetz der Anziehung

Dieses Gesetz kennen wir wohl alle: Das Gesetz der Anziehung. In vielen Hollywoodfilmen wird es erwähnt und dargestellt. Das Prinzip der Anziehung, bzw. der Resonanz, sagt aus, dass Gleiches sich gern mit Gleichem gesellt und sich sozusagen „anzieht". Wenn wir in einer misslichen Lage sind und alles uns negativ erscheint, ist es schwer, aus dieser Lage zu entkommen, denn unsere negativen Gedanken manifestieren eine feindliche Umwelt und ziehen diese auf eine bestimmte Art und Weise magisch an. Es liegt also auch hier nahe, dass sich Reiche zu Reichen, Arme zu Armen oder etwa Bayern zu Bayern gesellen. Das ist vollkommen normal und natürlich und hat meist keine rassistischen oder ausgrenzenden Ursachen. Während also Gleiches angezogen wird, wird im Gegensatz dazu Ungleiches abgestoßen. Es ist ein wenig schwierig, wenn man einen Magneten als Beispiel nimmt. Denn bei einem Magneten ist es genau andersherum: Plus- und Minuspol ziehen sich an und Minus- und Minuspol stoßen sich ab. Davon abgesehen gibt es allerdings genügend Beispiele, die die Wirkung des Gesetzes verdeutlichen: Hass zieht Hass an. Liebe zieht Liebe an. Angst zieht Angst an. Sucht zieht Sucht an. Glück zieht Glück an.

Aber Vorsicht! Daraus folgt auch, dass es oft schwierig ist, diesem Zustand zu entkommen. Denn niemand will gerne hassen und ängstlich sein, sondern glücklich sein und lieben. Doch um Glück zu erhalten, müssen wir uns aus dem Zustand des Hasses befreien und dauerhaft glücklich werden. Erst dann können wir mehr Glück anziehen. Schaffen wir dies nicht und bleiben über lange Zeit hinweg unglücklich, dann werden wir an einem bestimmten Punkt depressiv werden. Genau wie Ihr Smartphone einen Akku hat, der sich ohne Zugang zum Stromnetz irgendwann leeren wird, so hat auch jeder Mensch einen "mentalen Akku". Deshalb müssen wir uns überlegen, mit wem und wie wir glücklich werden wollen.

Stellen Sie sich folgende Situation vor: Eine Frau fühlt sich von einer Frau angezogen, wählt aber aus sozialen Gründen einen männlichen Partner – damit ihre Familie, ihre Freunde, ihr gesamtes Umfeld nicht schockiert sind und sie weiterhin akzeptieren. Doch letztlich ist dies für sie nicht befriedigend. Auch wenn es schwer sein mag, mit Traditionen oder Dingen wie gesellschaftlicher Anerkennung zu brechen: Sie sollte beginnen, für sich selbst zu handeln, anstatt sich den Normen anderer zu fügen, teilweise aus Angst vor deren Reaktion. Gelingt ihr dies nicht, wird Ihr Leben sich ohnehin immer schwieriger gestalten, weil Sie unter negativen Voraussetzungen gestartet ist.

Ähnliche Beispiele sehen wir etwa beim Thema der Zwangsheiraten, die in einigen Kulturen und Gemeinschaften noch immer üblich sind. Liebe ist ein Gefühl, das sich unabhängig von wirtschaftlichen Erwägungen, Traditionen oder Prestigegründen entwickelt.

Wenn sich zwei Menschen nicht wirklich sympathisch sind und keine positiven Gefühle füreinander hegen, jedoch die Eltern diese beiden zur Heirat zwingen, wird sich das in der Zukunft alles andere als positiv auswirken. Stress, Angst und Abneigung sowie mangelnde Harmonie führen irgendwann zu Depressionen und einer Vielzahl anderer psychischer Beschwerden.

Jeder Mensch benötigt Phasen, in denen er sich

von negativen Gefühlen und deren Auslösern vollständig trennen und seinen mentalen Akku einfach „aufladen" darf. Andernfalls steigt der Stresspegel immer weiter. Nicht nur die mentale, auch die physische Gesundheit werden dabei auf Dauer in Mitleidenschaft gezogen.

So lange wir nicht gewaltigen äußeren Zwängen unterworfen sind, steht es in unserer eigenen Macht, negative Gedanken und Gefühle ganz bewusst zu meiden, sie gezielt zu löschen, auszublenden oder zu ignorieren. Versuchen Sie, gute und positive Gedanken festzuhalten. Dann wird es nicht lange dauern, bis Sie auch positive Menschen und Lebensumstände anziehen und sich Ihre Situation verbessern wird.

Versetzen wir uns in folgende Situation: Stellen wir uns eine Frau und einen Mann vor, die eine glückliche Beziehung führen. In letzter Zeit ist der Mann oft lange arbeiten und kommt abends völlig erschöpft nach Hause. Da seine Frau den ganzen Tag auf ihn gewartet hat und sich auf ihn freut, möchte sie natürlich etwas mit ihm unternehmen, doch er ist zu müde, um nach der Arbeit noch viel zu tun. Also geht er meistens zeitig schlafen, denn am nächsten Morgen muss er wieder früh aufstehen und zur Arbeit gehen. Das beunruhigt seine Frau und sie macht sich nach einiger Zeit Sorgen um ihre Beziehung. Sie gibt sich selbst die Schuld und fragt sich, ob es gar nicht an der Arbeit, sondern vielmehr an ihr selber liegt. Da die Frau keinem Beruf nachgeht, sondern tagsüber der Kinde wegen zuhause bleibt, ist ihr Leben ausgefüllt, aber beschränkt sich stark auf das häusliche Umfeld. Sie hat möglicherweise ein geringes Selbstbewusstsein und die Lage verschärft sich immer weiter, weil sie sich selbst als Grund für die derzeitige schlechte Verfassung der Beziehung sieht. Als diese Gedanken nach einiger Zeit immer mehr

Raum einnehmen, fängt die Beziehung tatsächlich an, zu bröckeln, denn die Frau verschließt sich immer mehr und nährt dadurch noch eine allgemein schlechte Stimmung, die sich aus dem Mangel an Kommunikation ergeben hat. Nach einem heftigen Streit zwischen beiden wendet sich die Frau an ihre beste Freundin und erklärt ihr, was passiert ist. Diese Freundin gibt ihr einen sehr wichtigen Rat: Sie erklärt ihr, dass sie alle negativen Gedanken verwerfen sollte und dass sie ihre Energie stattdessen viel intensiver in die Rettung der Beziehung setzen müsste, anstatt sich in Schuldgefühlen zu ergehen. Die Frau befolgt den Rat und bleibt positiv. Sie schlägt ihrem Ehemann romantische Unternehmungen vor, umsorgt ihn und heitert ihn auf. Auch ihm geht es daraufhin viel besser. Die Arbeit macht ihm wieder mehr Spaß, weil er sich am Abend auf seine wunderbare Frau freuen kann, die ihn trotz seiner langen Arbeitszeiten liebt. Die Beziehung wird dank der positiven Denk- und Sichtweise gerettet und beide werden wieder sehr glücklich miteinander.

Wenn wir etwas wirklich wollen, dann müssen wir ganz einfach daran glauben und daran festhalten. Tun wir dies lange genug, kommt das Glück von ganz allein.

Achten Sie auf die Gedanken, die Sie tagtäglich haben, und verdrängen Sie, so gut Sie können, sämtliche negativen Gedanken aus Ihrem Leben. Positives zieht Positives an. Wie bereits beschrieben, können Sie einfach damit beginnen, fremde Menschen anzulächeln, denn das ist eine positive Handlung. Außerdem werden einige Mitmenschen Sie als positiv und sympathisch ansehen und Sie gerne näher kennenlernen wollen. Meistens sind auch diese Personen grundsätzlich positiver Natur und werden Ihr Leben bereichern.

Praxistipps zum Gesetz des Geschlechtes

Verstehen Sie das Prinzip des Geschlechts, wird es Ihnen in vielen Situationen helfen, die Schwingungen des männlichen Geschlechts zu verstehen und mit ihnen umzugehen. Halten Sie die Augen offen und lassen Sie unerwartete Erkenntnisse zu. Die Erklärung des „Ich" wird Ihnen dabei helfen und als Mittel dienen. Die Geschlechtertheorie ist keine neue Philosophie, sondern eine alte Lehre, die Basis für danach kommende Lehren wurde und auch in modernen Situationen angewendet werden kann.

Auch in der östlichen Weisheitslehre ist das Konzept von Yin & Yang bekannt, von zwei Prinzipien, die einander perfekt ergänzen und eine Einheit bilden. Das männliche und das weibliche Prinzip hängen voneinander ab und brauchen einander. Nur so können sie ihre volle Stärke entfalten Und gemeinsam etwas Neues erschaffen.

Der weibliche Aspekt zeigt sich in der Verwirklichung und Schöpfung, die männliche Kraft liefert den Trieb, den Impuls, der für jede Veränderung notwendig ist. Sie tragen damit schon alles in sich, was sie brauchen. Beobachten Sie sich selbst und fördern Sie den Teil, welcher sich noch in seiner schwächeren Ausprägung zeigt. In den meisten Fällen wird der männliche Teil nicht genügend ausgeprägt sein. Daher bedarf es mehr Aufmerksamkeit zugunsten des männlichen „Minds", um die Schöpfung Ihrer persönlichen Wünsche und Vorstellungen in die Realität umzusetzen. Sie können durch die Pflege Ihres "schwächeren" Teils die Manifestierung des Geschlechtsprinzips durchführen und das männliche und weibliche Prinzip Ihrer Gedankenwelt verschmelzen. Wenden Sie auch die anderen hermetischen Gesetze an und entdecken sie, welches Potential sich Ihnen damit eröffnet.

„Sie sind, was Sie tun" und Sie ziehen all das in Ihr Leben, was Ihren täglichen Handlungen und Emotionen entspricht.

Schlusswort

Mir ist klar, dass ich recht häufig die Phrase „es ist ganz einfach" verwendet habe. In der Gesamtheit ist natürlich überhaupt nichts einfach. Dennoch ist es bei bestimmten Gelegenheiten tatsächlich simpel, die hermetischen Gesetze anzuwenden. Noch leichter wäre es, wenn wir uns zunächst nur mit jeweils einem Gesetz beschäftigen und dieses in unseren Alltag etablieren. Erst danach wenden wir uns dem nächsten Gesetz zu und bauen auch dieses in unser Leben ein. Mühsamer ist es, sich bestimmte etablierte, eingefahrene Abläufe und Muster in unserem Verhalten ab- und uns umzugewöhnen. Wie wir wissen, kann das Erlernen neuer Gewohnheiten durchaus mehrere Monate in Anspruch nehmen. Vor allem aber kann die dauerhafte, erfolgreiche Durchsetzung etwa des Prinzips des durchgehend positiven Denkens, zunächst große Schwierigkeiten bereiten.

Für diese Problematik gibt es ein eindringliches Beispiel: Sind Sie etwa seit Jahren intensiver Raucher und beschließen endlich, mit dem Rauchen aufzuhören, dann funktioniert das vielleicht sogar beim ersten Versuch. Nach ungefähr 10 Tagen sind Sie bereits von der Nikotinsucht befreit. Nach etwa 21 Tagen haben Sie es geschafft, auf Gewohnheiten wie die „Feierabendzigarette" oder die schnelle Zigarette in der Mittagspause nach dem Essen zu verzichten. Doch um ein Verhalten wirklich zur Gewohnheit zu machen, muss man es mindestens 90 Tage lang beibehalten. Das sind etwa drei Monate. Und in dieser Zeit kann sehr viel passieren. Denn mal ehrlich: Wie schwer ist es, an eine Schachtel Zigaretten zu kommen? Wie simpel ist es, einen Kollegen nach einer Kippe zu fragen? Sich ein eingefahrenes Verhalten wirklich abzugewöhnen, ist eine große Herausforderung.

Haben Sie also diese 90 Tage endlich überstanden, ist der Spuk noch lange nicht vorbei. Sie sind dann zwar ein erfolgreicher Ex-Raucher doch das Verlangen nach einer Zigarette wird niemals aufhören. Viele Ex-Raucher berichten im Internet darüber, dass sie zwar widerstehen können, doch immer noch häufig den Wunsch verspüren, wenigstens ab und an einen Zug zu tun. Und das selbst dann, wenn allein der Gedanke an den Geschmack Übelkeit und Widerwillen bei ihnen auslösen. Sie müssen also beim Verändern von Gewohnheiten Ihr ganzes restliches Leben lang diszipliniert „am Ball" bleiben. Es ist einfach so, dass schlechte Gewohnheiten, Denkweisen, Verlockungen und Emotionen stärker sind als die positiven. Ein einziger unachtsamer Moment genügt und schon finden Sie sich wieder in einem alten Muster gefangen – und sind für den Augenblick gescheitert. Selbstverständlich ist das nicht das Ende. Dieses Scheitern bedeutet nicht, dass wir es niemals schaffen können, grundlegende Veränderungen herbeizuführen Wir müssen es nur erneut versuchen und unsere Gedanken wieder positiv einstimmen. Genauso verhält es sich auch mit den Gesetzen der Hermetik: Auch wenn wir um die positive Wirkung wissen, die uns die richtige Anwendung der Gesetze bringt, geraten wir schnell wieder in alte, negative Denkmuster. Wir denken mit Verbitterung an die täglichen Schwierigkeiten des Lebens und ringen mit den vermeintlichen und tatsächlichen Ungerechtigkeiten, die uns widerfahren. Wenn wir uns stattdessen an den Prinzipien der Hermetik ausrichten, finden wir oft Mittel und Wege, die Schwierigkeiten und Herausforderungen des Lebens zu verstehen und mit Erfolg zu bewältigen.

Ich bin davon überzeugt, dass die Anwendung der sieben hermetischen Gesetze den Weg zu einem glücklicheren Leben ebnet. Schon ein Verständnis für die Hintergründe dieser Gesetze wird Ihnen viele Türen und die Augen öffnen. Hinterfragen Sie Ihre bisherige, persönliche Sichtweise und versuchen Sie dann, das eine oder andere Gesetz in alltäglichen Situationen anzuwenden. Am Anfang wird es Ihnen leichtfallen. Doch schon nach kurzer Zeit werden Sie sich echten Herausforderungen stellen müssen, vielleicht sogar das eine oder andere Mal scheitern. Doch genau dann müssen Sie dranbleiben und dürfen nicht aufgeben. Nähren Sie ihre positiven Gedanken, und lassen Sie Ihren inneren Schweinehund niemals von der Leine. Dieses Biest darf Ihr Leben nicht dominieren. Sie sind Ihr eigener Meister, nicht Ihre Mitmenschen und auch nicht Ihre Lebensumstände.

Quellenangabe

https://back2spirit.de/hermetische-gesetze/
https://www.youtube.com/watch?v=ndcxcYJvC-c
https://www.hermetik-international.com/de/mediathek/corpus-hermeticum/das-kybalion/sieben-hermetischen-prinzipien/
https://www.highermind.de/hermetische-gesetze/
https://quantisana.ch/triunity/spiritualitaet/die-hermetischen-gesetze-des-lebens-eine-praktische-anleitung/
https://www.youtube.com/watch?v=1V2bFuhqs-A&t=16222s

Rechtliches und Impressum

Haftungsausschluss

Der Inhalt dieses Buches wurde mit großer Sorgfalt geprüft und erstellt. Für die Vollständigkeit, Richtigkeit und Aktualität der Inhalte kann jedoch keine Garantie oder Gewähr übernommen werden. Der Inhalt dieses Buches repräsentiert die persönliche Erfahrung und Meinung des Autors und dient nur dem Unterhaltungszweck. Der Inhalt sollte nicht mit medizinischer Hilfe verwechselt werden. Es wird keine juristische Verantwortung oder Haftung für Schäden übernommen, die durch kontraproduktive Ausübung oder Fehler des Lesers entstehen. Es kann auch keine Garantie für Erfolg übernommen werden. Der Autor übernimmt daher keine Verantwortung für das nicht –Erreichen der im Buch beschriebenen Ziele. Dieses Buch enthält Links zu anderen Webseiten. Auf den Inhalt dieser Webseiten hat der Autor keinen Einfluss. Deshalb kann auf diesen Inhalt auch keine Gewähr übernommen werden. Die verlinkten Seiten wurden zum Zeitpunkt der Verlinkung auf mögliche Rechtsverstöße überprüft. Für die Inhalte der verlinkten Seiten ist aber der jeweilige Anbieter oder Betreiber der Seiten verantwortlich. Rechtswidrige Inhalte konnten zum Zeitpunkt der Verlinkung nicht festgestellt werden.

Impressum

Autor: Johann Hoffmann -
Publishing & Marketing
Maulacherstraße 27
74564 Crailsheim
hoffmann_info@web.de

Printed by Amazon Italia Logistica S.r.l.
Torrazza Piemonte (TO), Italy

25750317R00096